U1020782

矿产开发中公众参与的实现机制研究

陈文勤 著

地质出版社

·北 京·

内 容 简 介

人类从诞生之日起就开始从事矿产开发利用活动。工业革命以后，各类矿产品更是被称为工业的粮食。当今世界发展所需的能源、工业原料大多取自矿产资源。矿业在我国国民经济和社会发展中发挥着重要的基础作用。我国的矿产需求处于较高水平。矿产开发活动为矿山周围地区的经济发展做出了贡献。矿产资源开发活动对矿山周围地区的影响包括自然环境方面，城市基础设施建设和社会事业发展。本书介绍了我国矿产开发中的公众参与现状，公众参与矿产开发决策和管理概述，国外矿产开发中公众参与的实现机制研究，矿产开发中公众参与实现程度评价指标体系的构建，我国矿产开发中公众参与实现机制的不足与完善建议。

本书可供矿产开发相关专业师生及从业人员、社会学从业人员、法学从业人员阅读。

图书在版编目（CIP）数据

矿产开发中公众参与的实现机制研究 / 陈文勤著. -- 北京：地质出版社，2025. 5. -- ISBN 978-7-116-14584-9

Ⅰ. F426.1

中国国家版本馆CIP数据核字第2025L1Z830号

KUANGCHAN KAIFA ZHONG GONGZHONG CANYU DE SHIXIAN JIZHI YANJIU

责任编辑：肖莹莹　李云浮
责任校对：关风云
出版发行：地质出版社
社址邮编：北京市海淀区学院路 31 号，100083
电　　话：（010）66554649（邮购部）；（010）66554571（编辑室）
网　　址：https://www.gph.clmpg.com
传　　真：（010）66554576
印　　刷：北京地大彩印有限公司
开　　本：787mm × 1092mm　1/16
印　　张：7.5
字　　数：180 千字
版　　次：2025 年 5 月北京第 1 版
印　　次：2025 年 5 月北京第 1 次印刷
定　　价：98.00 元
书　　号：ISBN 978-7-116-14584-9

目　录

1 绪 论

1.1 研究背景

人类从诞生之日起就开始从事矿产开发利用活动，但是工业革命以前，人类主要依靠农业和畜牧业谋生，对矿产的依赖和利用程度都不高。工业革命使得大生产替代了小生产，人类的劳动生产率大幅提高，利用和改造自然的能力也大大增强，采矿业也迅速发展。随着工业化进程的推进，人类对能源的需求大增。例如，1900年世界能源消费量还不到10亿吨煤当量，至1950年就猛增至25亿吨煤当量。而这些能源绝大多数都源于矿产资源。当今世界经济发展所需90%的能源，80%以上的工业原料都取自矿产资源。美国是世界上最重要的矿产资源生产、消费和贸易国之一，是世界矿业的中心。矿业在美国国民经济中占有较重要的地位，是其基础性产业之一。据美国地质调查局2006年资料，2005年，美国从国内矿山中开采的矿产材料价值为516亿美元，约占美国国内生产总值（GDP）的0.4%；2005年加工的矿产原材料价值达4780亿美元，占GDP的3.8%（何金祥等，2007）；2021年，采矿业创造的GDP约为2837亿美元，占比1.23%（南生观察室，2022）。矿业在南非的发展中发挥着重要的作用。南非矿产资源丰富，矿产品是出口的重要构成部分，矿业直接就业人口约42万。2003年，南非矿业增加值785亿兰特，约占GDP的7.1%；2007年，矿业增加值为1356亿兰特，约占GDP的7.7%；2022年，矿业产值达到1.18万亿兰特，超过了2021年的1.1万亿兰特。南非矿业部门在2022年累计为该国增加了15500个工作岗位，对该国GDP的贡献增长了4%（驻南非共和国大使馆经济商务处，2023）。加拿大是世界第三矿业大国。其矿业产值大约占全国GDP的3.5%，矿产工业约占国家总出口量的19%，为36万人提供就业。加拿大2021年的矿产总值为555亿美元，占全国GDP的4%（Government of Canada，2023）。澳大利亚矿产资源丰富，已探明的矿产资源多达70 余种。在澳大利亚2009年度全部的商品出口中，矿产工业产值约占48%（1115亿澳元），2009年矿业增加值约占GDP的8%，澳大利亚矿业部门直接和间接就业人数为46.6万（Minerals Council of Australia，2010）。采矿业目前已经成为推动澳大利亚经济增长的最大驱动力，其产值占GDP的10%，也是该国最大的出口来源，2020/21财年创下了4130亿澳元的新高，支撑了超过110万个矿山就业机会（矿业情报局，2023）。

矿业在我国国民经济和社会发展中发挥着重要的基础性作用，我国90%以上的一次性能源，80%以上的工业原料，70%以上的农业生产资料和30%以上的生活用品都来自矿产资源。2007年，我国有矿山企业10多万个，开采矿石量超过60亿吨，从业人员800万，实现工业总产值6700多亿元。2007年全国矿产品进出口贸易总额达4942亿美元，占当年进出口总额的22.73%（牛魁斌等，2009）。自然资源部中国地质调查局发布的《全球矿业发展报告2019》中指出，2018年全球矿业产值占GDP比例达6.9%，我国矿业产值占GDP比例达7%，矿产需求处于较高水平。

从地方层面上讲，矿产开发活动为矿山周围地区的经济发展做出了贡献。矿业公司通过向当地居民提供就业、开办学校、建设道路和医院等基础设施、从当地企业采购货物或服务以及提供培训计划等在当地的发展中发挥着重要的作用。例如，2006年，必和必拓钻石公司在加拿大西北地区的埃卡蒂（Ekati）金刚石矿花费了1230万美元从当地采购货物及服务，并且其33%的员工属于当地居民（Nathalie Ross，Bruno Bond，2007）。2022财年，必和必拓公司的社会投资达到1.864亿美元，比2021财年增长了7%，这些投资中的9940万美元用于社区发展和环境项目等（BHP Annual Report 2022）。在南非，因为多数矿山位于比较偏远和贫穷的地方，矿业公司在当地经济和社会发展中的作用更为明显，例如，中国中钢集团有限公司在南非林波波省的山区有个投资项目，该地区是南非最贫穷的地区之一，当地只有14%的儿童可以上学。中国中钢集团有限公司来到这里后，先是解决了当地700人的就业问题，后又为当地建了一座铬铁回收厂，使当地社区每年可以获益100万兰特（约13万美元）。而且，在中国中钢集团有限公司占60%股份的合资公司中，中国中钢集团有限公司只派了3到5人担任管理层，其他管理人员和普通职员都是在当地雇佣。此外，中国中钢集团有限公司还积极行使社会责任，在当地修建学校，使当地儿童的入学率提高到65%。中国中钢集团有限公司还尽量向当地公司进行采购，大大拉动了当地经济的发展（中国经营报，2008）。腾科丰谷鲁美矿业股份有限公司（简称TFM，洛阳栾川钼业集团股份有限公司的控股子公司）于2021年1月20日签订了《社会责任项目任务书》，承诺在2021—2025年为刚果（金）矿区所在的社区发展提供超过3100万美元的投资，覆盖了卫生、教育、经济发展、道路与桥梁、电力、体育、基础设施、通信等八个领域的社区优先需求（洛阳栾川钼业集团股份有限公司官网）。我国的情况也类似，在矿业城市，矿业是支撑地区经济发展的主导力量，是财政收入的主要来源。矿业人口所占比例很大。如阜新市煤炭工业税收占地方财政收入的1/3以上，矿区人口占全市人口的59.7%。抚顺矿区人口占全市人口的1/3，本溪仅煤炭、铅锌两个矿区人口就占全市人口的1/6（胡魁，2001）。在非矿业城市，矿业企业也为当地的经济发展做出了积极的贡献。例如，洛阳栾川钼业集团股份有限公司作为栾川县的重要支柱企业，长期为地方发展捐资助力。截至2020年，公司已累计向栾川城乡建设、扶贫、教育、卫生等社会事业无偿捐资人民币近1.5亿元。经过多年的努力，栾川县于2019年正式脱离了贫困县序列。该公司所做出的努力获得了社会的广泛认可，入选了“2020年中国企业扶贫100强”（洛阳栾川钼业集团股份有限公司官网）。

人类采矿活动已经有几千年的历史，在20世纪60年代以前，由于人们的环境意识淡薄，以及矿业对经济的巨大贡献使得人们当时在矿业活动中没有考虑任何环境因素。人类的矿业活动对矿山环境产生了很多不利的影响。采矿活动破坏了大量的耕地和建设用地，诱发地质灾害。因露天采矿、开挖和各类废渣、废石、尾矿堆置等，直接破坏与侵害大量土地。地表植被破坏和尾矿大量堆置加剧了水土流失和土地荒漠化。采矿活动诱发了崩塌、滑坡和泥石流等地质灾害。而矿山开采中废气、粉尘和废渣排放会产生大气污染和酸雨。而且采矿破坏地貌景观和生态环境，尤其是露天采矿，地貌景观破坏非常严重，毁坏了植被和生态。随着时间的推移，矿业活动造成的环境问题越来越严重，同时也有大量的历史遗留环境问题。例如，澳大利亚已经累积了5万多座废弃矿山没有实施生态修复，昆士兰州和新南威尔士州的矿山土地修复率仅为 35%和 20%，并且在持续降低（杨永均等，2020）。同时，矿山环境事故的危害也不容忽视，如1995年圭亚那Omai事件，1996年菲律宾 Marcopper事件和1996年玻利维亚El Porco事件等对周围的环境、居民健康和安全都造成了严重的不利后果。

我国2002年启动，2008年发布的矿山地质环境调查与评估涉及各类非油气矿山113149个、开采矿种193种，估算年采掘矿石总量82.05亿吨。通过对所调查的矿山进行综合研究与分析评估，发现所有矿业活动都对矿区地质环境造成影响，而以严重影响和较严重影响为主。其中，严重影响的矿山多达8457个，影响区域面积约5.3万平方千米。在划分出的86个矿产资源主要开发区域中，对地质环境造成严重影响的区域就有14个，面积约5.2万平方千米。矿产资源开发对城区及周边地质环境造成一定影响的矿业城市有231个，其中严重影响的有30个。长时间、高强度的矿山开采，造成大量土地荒废，生态环境恶化，有的地方发生大范围的地面塌陷等地质灾害。中国地质调查局航遥中心2015年提交的全国矿山地质环境遥感监测成果显示：全国共圈定矿山地质灾害近5000处。其中，采矿塌陷占总数量的40.01%、滑坡占总数量的27.48%、崩塌占总数量的23.18%、泥石流占总数量的9.33%。其中，特大型矿山地质灾害占2.84%，大型矿山地质灾害占8.86%，中型矿山地质灾害占17.64%，小型矿山地质灾害占70.65%（王浦，2018）。同时，在建矿、采矿过程中强制性抽排地下水以及采空区上部塌陷使地下水、地表水渗漏，严重破坏水资源的均衡，导致矿区及周围地下水水位下降，引起植被枯死等一系列生态环境问题。采矿形成的矿坑水、选矿废水以及采矿废石、煤矸石、尾矿渣等堆放不当，造成矿区水体和土壤的污染源。

矿产资源开发活动对矿山周围地区的影响并不仅仅局限在自然环境影响方面。当矿业公司进入一个地区进行开采等活动时，大量的外来人口涌入该地区，给当地造成很多社会问题，例如住房价格攀升、社会治安的变化、当地社会结构的变化及对当地社区的完整性产生的冲击等都会使当地居民短时间内不容易适应。同时，矿业公司到达矿区后会采取一些直接的措施为当地谋福利，例如建学校、医院以及其他基础设施、雇用当地居民在矿业公司工作，这些本来都是好事，但是由于这些项目大多由矿业公司的人选择并管理，一旦矿山关闭当地人没有掌握相关的技术和知识去管理和经营这些设施，这些设施在矿业公司离开后很可能会被废弃甚至成为当地的负担。例如，阿拉斯加州的瓦尔迪兹市利用阿拉斯加油管相关企业的钱修建了一个几百万美元的会议中心，该中心现在的使用率非常低，而该市仅为该中心供暖就需要花费20万美元（Ernesto Sirolli，2010）。

中国的矿业城市也遇到相似的问题，进入20世纪90年代，随着矿产资源的枯竭，部分矿山企业亏损严重，难以为继，相继关闭破产。矿业城市主导产业衰退，接续产业没有形成，导致经济萎缩，财政收入锐减，失业人员骤增，就业压力加大，安置下岗职工任务十分艰巨，部分职工生活特别困难。

1.2 研究意义

1.2.1 矿产开发中公众参与的国际趋势

现代社会，矿产资源进入了人们生产和生活的方方面面，它是人类物质生产的重要基础和人类生活资料的重要来源，但是矿产资源的开发利用不可避免会产生一定的环境污染，造成一些生态破坏，随着人类对矿产资源的需求越来越大，矿山环境问题也日益严峻。另外一个方面，随着全社会环境保护意识的增强，人们提出了建设绿色矿业的目标，其中加强矿产资源开发环境保护实行开发全过程的环境管理是其中的重要目标和内容。同时，国外矿山企业的成功经验表明：矿山环境管理的实现一方面需要有完善的法律规章，同时严格的监督管理也至关重要。其中公众参与尤其是受矿业活动影响的社区公众的参与是做好矿山环境管理的重要条件。公众参与环境管理和保护在一系列国际文件及很多矿业大国的法律法规中都有明确规定。如：1972年的《人类环境宣言》、1982年的《内罗毕宣言》、1982年联合国大会通过的《世界自然宪章》和1992年《21世纪议程》中都对公众参与环境保护进行了明确的规定。而1998年的《奥胡斯公约》是专门规定公众参与制度的国际条约，全面规定了公众参与的三大支柱：公众在环境事务方面的知情权、参与决策权和诉诸司法权。2001年该公约的生效反映了在全世界范围内公众参与在经济发展中的重要作用。由于矿业活动的性质不可避免地会对环境和矿区周围公众造成不利的影响，因此，矿山环境保护日益受到国际社会关注，绿色矿业和可持续矿业发展等概念的提出就反映了国际社会在矿业环保方面的目标，公众的参与也得到了越来越多的重视。联合国、世界银行、英国环境与发展国际研究所、国际采矿与金属协会等机构针对矿山环境管理中的公众参与出台了很多指导性文件。同时，美国、加拿大、南非和澳大利亚等矿业大国在本国的立法和实践中都很重视矿山环境管理中的公众参与，有许多先进的经验可以借鉴。

矿产开发活动除了会对矿区所在地的自然环境造成很多不利影响，如前所述，这些矿业活动也会为当地带来很多不利的社会影响和经济影响。从美国、加拿大和澳大利亚等矿业大国的经验来看，20世纪70年代以前，矿业公司只需要和政府磋商有关矿山开发的决策，矿业公司认为自己的责任在于为股东创造利润，向政府缴纳税款，并遵守相关的环境、卫生和安全规范。公众没有机会也没有能力影响到政府的决策，而且对于矿山周围地区的公众来说，他们需要直接承受矿产资源开发所产生的一系列不利影响，但是却对影响他们生存环境和生活条件的决策没有任何影响力和极少的参与权，他们的需求和利益在决策过程中不会或者很少被考虑进去。而政府和矿业公司在磋商有关矿产资源开发的决策时考虑更多的是矿业公司的经济发展和国家的经济利益，对关乎广大公众尤其是矿山周围地区公众的环境权益、社会权益和经济权益却极少考虑。但到了20世纪80年代以后，随着环境问题的日益突出以及可持续发展、居民权利与代际公平等观念的深入发展，现代矿产资源开发中越来越需要考虑不同利益团体尤其是当地社区及其公众的需求和观点，政府对矿产开发活动的管理也相应地发生了变化，矿业公司也意识到了社区关系的重要性，因此，在矿产资源开发的全过程中，政府和矿山企业越来越需要考虑到公众尤其是矿山周围社区公众的环境利益、社会利益和经济利益。

1.2.2 我国矿产开发中的公众参与现状

在我国，国家一切权力属于人民，全过程人民民主是社会主义民主政治的本质属性。公众参与是民主的基石，广泛、持续、有序、深入的公众参与是全过程人民民主得到最有效实现的方式（左才，2022）。党的十七大报告指出，从各个层次、各个领域扩大公民有序政治参与，最广泛地动员和组织人民依法管理国家事务和社会事务、管理经济和文化事业；增强决策透明度和公众参与度，制定与群众利益密切相关的法律法规和公共政策原则上要公开听取意见。党的十八大报告明确提出，要扩大公众参与，改进政府提供公共服务方式，引导社会组织健康有序发展，充分发挥群众参与社会管理的基础作用。党的十九大报告指出，扩大人民有序政治参与，完善党委领导、政府负责、社会协同、公众参与、法治保障的社会治理体制，其中特别提到，构建政府为主导、企业为主体、社会组织和公众共同参与的环境治理体系。党的二十大报告也指出，确保人民依法通过各种途径和形式管理国家事务，管理经济和文化事业，管理社会事务。《中华人民共和国宪法》第二条第三款规定："人民依照法律规定，通过各种途径和形式，管理国家事务，管理经济和文化事业，管理社会事务。"

我国公众在环境保护中的参与在1989年施行的《中华人民共和国环境保护法》中只有原则性的规定。1994年中国政府编制了《中国21世纪议程——中国21世纪人口、环境与发展白皮书》第20章《团体及公众参与可持续发展》的导言指出："实现可持续发展目标，必须依靠公众及社会团体包括工人、农民、妇女、青少年、科技界、教育界等的支持和参与。公众、团体和组织的参与方式和参与程度，将决定可持续发展目标实现的进程。考虑到中国宪法和法律已经对公众参与国家事务所作的规定，并认识到公众参与在环境和发展领域的特殊重要性，有必要为团体及公众参与可持续发展制定全面系统的目标、政策和行动方案。""团体及公众参与可持续发展，需要新的参与机制和方式。团体及公众既需要参与有关环境与发展的决策过程，特别是参与那些可能影响到他们生活和工作的社区决策，也需要参与对决策执行的监督。"该章对妇女、青少年、少数民族和民族地区、工人和工会、科技界等主要团体参与可持续发展做出了战略安排。1996年国务院《关于环境保护若干问题的决定》(国发〔1996〕31号)中指出:“环境保护关系到全民族的生存和发展,保护环境实质上就是保护生产力。各地区、各部门都要进一步提高对环境保护工作重要性的认识,进一步加强环境保护宣传教育,广泛普及和宣传环境科学知识和法律知识,切实增强全民族的环境意识和法制观念。”“各地区、各部门必须把环境保护法律知识作为干部和职工培训的重要内容,提高各级领导干部和人民群众遵守环境保护法律法规的自觉性。大、中、小学要开展环境教育。建立公众参与机制,发挥社会团体的作用,鼓励公众参与环境保护工作,检举和揭发各种违反环境保护法律法规的行为。”2002年颁布的《中华人民共和国环境影响评价法》规定,政府机关对可能造成不良环境影响并直接涉及公众环境权益的专项规划,应当在该规划审批前,通过举行论证会、听证会等形式,征求有关单位、专家和公众对环境影响报告书的意见。中国公民的“环境权益”首次写入国家法律,它意味着公众有权知道、了解、监督那些关系自身环境的公共决策。但是该法关于参与程序的规定较原则,以审批前建设项目环境影响评价文件编制过程中的参与为重点、以建设单位为主导的模式,征求公众意见情况仅仅是作为向环保部门报批的一项要件,而且在公众参与的时机方面也规定得较为滞后。如专项规划在规划草案报送审批前听取公众意见,建设项目在报批环境影响报告书前听取公众意见。而这时规划草案或环境影响报告书已经编制完成,再去听取意见很可能使公众认为是“走过场”,导致公众对环境影响评价制度的不信任。《中华人民共和国环境影响评价法》在2016年和2018年进行了两次修订,但是在公众参与方面仍然沿袭了2002年版本的规定。2005年12月《国务院关于落实科学发展观加强环境保护的决定》(国发〔2005〕39号)指出:“发挥社会团体的作用,鼓励检举和揭发各种环境违法行为,推动环境公益诉讼。对涉及公众环境权益的发展规划和建设项目,通过听证会、论证会或社会公示等形式,听取公众意见,强化社会监督。”2006年正式实施的《环境影响评价公众参与暂行办法》首次对公众参与环境影响评价做出了全面系统的规定,对公众参与环境影响评价的信息公开和征求公众意见以及调查、咨询、座谈和听证等组织形式做出了详细的说明。2007年4月11日国家环保总局发布了《环境信息公开办法(试行)》(该办法已于2019年被废止),对环境信息公开的主体、范围、程序和责任等进行了规定,是保护公众的环境知情权和参与权的新制度保障。2011年国务院发布的《土地复垦条例》第二十八第二款规定:“进行土地复垦验收,应当邀请有关专家进行现场踏勘,查验复垦后的土地是否符合土地复垦标准以及土地复垦方案的要求,核实复垦后的土地类型、面积和质量等情况,并将初步验收结果公告,听取相关权利人的意见。相关权利人对土地复垦完成情况提出异议的,国土资源主管部门应当会同有关部门进一步核查,并将核查情况向相关权利人反馈;情况属实的,应当向土地复垦义务人提出整改意见。”2013年发布的《中共中央关于全面深化改革若干重大问题的决定》对社会主义民主政治建设、社会治理体制创新、生态文明制度建设等方面都做了工作要求和部署。该决定鼓励和支持公众参与到立法、社会治理等过程中，积极发表对同自己切身利益相关的问题的观点和看法，在全社会开展广泛协商，进一步推进民主政治建设，推进治理体制创新。2014年修订的《中华人民共和国环境保护法》除了对公众参与有原则性规定外❶，其第五章专门规定了信息公开和公众参与，明确公民依法享有获取环境信息、参与和监督环境保护的权利。该章还规定了政府有关部门及重点排污单位的信息公开义务，并扩大了环境公益诉讼的主体。2015年，中共中央、国务院《关于加快推进生态文明建设的意见》（中发〔2015〕12号）中提出要"鼓励公众积极参与。完善公众参与制度，及时准确披露各类环境信息，扩大公开范围，保障公众知情权，维护公众环境权益。"2015年9月中共中央、国务院印发的《生态文明体制改革总体方案》中也强调了要充分发挥社会团体和公众的参与和监督作用，并在关于规划和信息公开的有关内容中强调了完善公众参与制度的必要性。2015年9月实施的《环境保护公众参与办法》（以下简称《办法》）是自新修订的《环境保护法》实施以来，首个对环境保护公众参与做出专门规定的部门规章，确定了环境保护公众参与原则，列举了公众参与的具体方式，对有关公众参与活动的信息公开及每种参与方式的具体要求等进行了规范，同时还针对公众意见的处理及公众监督举报等做了相应规定。《办法》的出台有利于推动和规范环境保护公众参与的开展，但其中的规定比较概括，在可操作性和公众参与方式的创新性上仍显不足。2019年新修订的《环境影响评价公众参与办法》明确了建设单位的主体责任，由其对公众参与真实性和结果负责；明确了听取意见的公众范围，优先保障环境影响评价范围内公众的权利；明确了开展深度公众参与的方式，公众对环境影响评价相关内容存在质疑的，建设单位可召开座谈会、听证会以及专家论证会等进一步听取意见；明确了生态环境主管部门的审查义务和内容，强化对公众参与开展情况的监督。新修订的《环境影响评价公众参与办法》为构建政府为主导、企业为主体、社会组织和公众参与的环境治理体制提供了坚实的制度保障。《中华人民共和国土壤污染防治法》❷（2019年1月实施）、《中华人民共和国长江保护法》❸（2021年3月实施）以及《中华人民共和国黄河保护法》❹（2023年4月实施）中都规定了公众参与的内容。

---

❶《中华人民共和国环境保护法》（2014修订）第五条规定："环境保护坚持保护优先、预防为主、综合治理、公众参与、损害担责的原则。"第六条规定："一切单位和个人都有保护环境的义务。"第十一条规定："对保护和改善环境有显著成绩的单位和个人，由人民政府给予奖励。"

❷《中华人民共和国土壤污染防治法》第三条：土壤污染防治应当坚持预防为主、保护优先、分类管理、风险管控、污染担责、公众参与的原则。

❸《中华人民共和国长江保护法》第七十九条：国务院有关部门和长江流域县级以上地方人民政府有关部门应当依照本法规定和职责分工，对长江流域各类保护、开发、建设活动进行监督检查，依法查处破坏长江流域自然资源、污染长江流域环境、损害长江流域生态系统等违法行为。

公民、法人和非法人组织有权依法获取长江流域生态环境保护相关信息，举报和控告破坏长江流域自然资源、污染长江流域环境、损害长江流域生态系统等违法行为。

国务院有关部门和长江流域地方各级人民政府及其有关部门应当依法公开长江流域生态环境保护相关信息，完善公众参与程序，为公民、法人和非法人组织参与和监督长江流域生态环境保护提供便利。

❹《中华人民共和国黄河保护法》第一百零四条　国务院有关部门、黄河流域县级以上地方人民政府有关部门、黄河流域管理机构及其所属管理机构、黄河流域生态环境监督管理机构按照职责分工，对黄河流域各类生产生活、开发建设等活动进行监督检查，依法查处违法行为，公开黄河保护工作相关信息，完善公众参与程序，为单位和个人参与和监督黄河保护工作提供便利。

单位和个人有权依法获取黄河保护工作相关信息，举报和控告违法行为。

在我国矿山环境保护的公众参与方面，除了适用上述法律法规外，2003年12月23日国务院新闻办公室发布的《中国的矿产资源政策》白皮书中指出：中国21世纪初矿产资源保护与合理利用的总体目标之一是促进矿山生态环境的改善。该目标的具体内容中有一条为加强宣传教育，提高矿山企业和全社会的资源环境保护意识（国务院新闻办公室，2003）。全国首部关于矿山地质环境保护的地方性法规——《安徽省矿山地质环境保护条例》于2007年12月1日正式施行，其就矿山地质环境的保护、治理、监督管理等进行了详细规定。其中关于公众参与，条例中第三十二条第二款规定："县以上人民政府国土资源行政主管部门应当对矿山地质环境实施动态监测，指导、监督采矿权人开展矿山地质环境监测，并将监测情况向社会公告。"第七条和第八条分别规定："鼓励单位和个人投资矿山地质环境的保护与治理。""对在矿山地质环境保护工作中做出显著成绩的单位和个人，由县以上人民政府及其有关部门给予表彰、奖励。"2007年西藏自治区人民政府下发通知，要求探矿权人在进行矿产资源勘查的整个过程中都需经过环保部门的监管。所有探矿权人在实施矿产勘查项目前，必须根据环境保护行政主管部门的规定编报《矿产资源勘查环境保护工作方案》，并按要求对勘查区进行环境恢复和治理。这样在西藏矿产资源开发利用的整个过程中，从前期勘探，到采矿权的审批，再到矿产资源开采和项目竣工后的验收，都贯穿了对环境的严格保护和监管。当时这样的要求在全国属于首次。该工作方案中关于公众参与的条款是"加大对矿产资源法律法规和本通知的宣传力度。各行署、拉萨市人民政府要充分利用报纸、电视、广播等新闻媒体，广泛宣传矿产资源法律法规和本通知的各项要求，对典型违法案件进行公开曝光，建立群众举报制度，发挥社会监督作用"。2009年，国土资源部正式出台《矿山地质环境保护规定》（该规定分别于2015年、2016年和2019年进行了修订），该规定第十二、十四、十五和十六条分别规定："采矿权申请人申请办理采矿许可证时，应当编制矿山地质环境保护与治理恢复方案，报有批准权的国土资源行政主管部门批准。""采矿权申请人未编制矿山地质环境保护与治理恢复方案，或者编制的矿山地质环境保护与治理恢复方案不符合要求的，有批准权的国土资源行政主管部门应当告知申请人补正；逾期不补正的，不予受理其采矿权申请。""采矿权人扩大开采规模、变更矿区范围或者开采方式的，应当重新编制矿山地质环境保护与治理恢复方案，并报原批准机关批准。""采矿权人应当严格执行经批准的矿山地质环境保护与治理恢复方案。"关于公众参与，第七条规定："任何单位和个人对破坏矿山地质环境的违法行为都有权进行检举和控告。"2019年修订的《矿山地质环境保护规定》与2009年的规定基本一致，主要的变化有两点，一是"编制矿山地质环境保护与治理恢复方案"改为"矿山地质环境保护与土地复垦方案"；二是"国土资源行政主管部门"改为"自然资源主管部门"。

在实践中，因为中国长期以来实行自上而下的环境保护制度，政府在环境保护中占主导地位，公众参与和公众监督不受重视，而且公众一贯被排除在环境保护之外导致公众的参与意识不强，认为环保是政府的事情，跟自己无关。这样一来，当经济发展与环境保护、经济发展利益与公民环境利益冲突时，有关管理部门和当事人往往以“以经济发展为中心”“经济发展是硬指标”为由而置公民的环境权益而不顾。在法律实施方面，有关政府部门强调的是“政府主导、行政控制”，轻视公众参与和公众监督（崔秀娟等，2007）。我国目前矿产开发中的公众参与主要集中在环境事项方面，比较典型的就是环境影响评价中的公众参与，但是这种公众参与不是硬性的规定，而且属于政府主导型的。实践中，公众参与环境影响评价更多的是专家和环境管理部门参与，即由有关专家和环境管理部门就环境管理政策和技术复杂的决策性问题，通过咨询、评价、参与研究等方式，听取各方面的意见和建议，对环评工作进行改进（蔡定剑，2009）。而一般意义上的公众参与，即受项目影响的公众的参与通常是通过派发调查问卷的形式进行，在参与对象的代表性、参与效力、参与阶段及支撑公众参与的信息公开等方面都还有一些欠缺之处。除了环境事项，矿产开发中经济事项和社会事项中的公众参与在我国发展较落后。从现在的实际情况看，我国矿产开发中存在的一些问题和矿产开发中公众参与的缺乏有密切的联系，因此，在目前的状况下，我国在矿产开发中允许公众尤其是矿山周围社区公众参与环境管理，分享矿产开发的社会效益和经济效益尤为重要。

1.2.3 研究意义

矿业是我国的支柱产业，为我国的国民经济发展和人民的生产生活提供了必需的原材料。矿业开发活动不可避免地对矿区的环境、社会和经济方面造成了很多不利影响。在过去，矿产开发的决策和管理是政府和企业的事情，公众很少有机会参与其中，随着可持续发展理念在矿产行业的贯彻实施以及公众参与意识和权利意识的提高，公众参与矿产开发的决策和管理已经成为大势所趋。

第一，公众参与矿产开发是矿业可持续发展的内在要求。1987年世界环境与发展委员会发表题为《我们共同的未来》的报告，其中所提出的可持续发展的概念得到了广泛的认可，对矿业活动具有重要的影响和意义。1994年世界银行、联合国环境规划署和国际金属与环境理事会共同举办的“世界发展、环境与矿业”大会、1998年联合国经社部和联合国环境规划署编纂的《矿产作业的环境指南》、根据全球矿业倡议启动的“矿业、矿产和可持续发展（MMSD）”项目、澳大利亚的《持久价值——澳大利亚矿产行业可持续发展框架》、加拿大《加拿大联邦政府的矿物与金属管理政策——通过合作伙伴关系，促进可持续发展》以及国际采矿和环境圆桌会议1999年修订的《矿业基本原则》等都确认公众参与是矿业可持续发展的重要方面。在2002年于南非约翰内斯堡召开的可持续发展世界峰会上，在《可持续发展世界首脑会议实施计划》的《保护和管理经济和社会发展的自然资源基础》一章中，特别提到了矿产部门的可持续发展问题。这是首次在国际高度上以积极的方式正式提出了矿产资源部门的可持续发展问题，成为全球矿业界向可持续发展方向迈进的一个重要里程碑。其中明确提出“鼓励企业同其营运所在社区以及其他利益相关者进行对话；加强当地和土著社区及妇女等利益相关者的参与”。所有这些都表明，公众参与作为矿业可持续发展的内在要求已经得到了广泛的认可，并且这种趋势未来还会进一步加强。

第二，公众参与矿产开发是民主和善治的具体要求。民主是一种社会管理体制，在该体制中，社会成员大体上能直接或间接地参与影响全体成员的决策。参与在民主中是非常关键的要素，20世纪产生了一种新的民主形式，即参与式民主。这种民主作为民主理论与实践的最新发展，更强调公民参与的重要性，普通公民通过各种途径和方式积极参与公共事务，以影响公共政策的制定和执行的行为。为了实现民主，不仅需要在政治生活中实现全面参与，而且更需要在与自己生活密切相关的事务中实现直接的全面参与。矿产开发中产生的环境、社会和经济问题与公众（尤其是矿山周边社区的公众）密切相关，公众在这些事项中的参与，正是民主的本质要求。

善治是一种通过政府、企业、非政府组织和非营利组织、社区和公众，甚至是国际的互动、协调、合作，以使公共利益最大化的目的得以实现的管理过程。世界银行、联合国计划开发署、联合国亚太经社理事会都将参与列为善治的要素之一。矿产开发中的公众参与是善治的具体要求，而善治又为矿产开发中的公众参与提供了制度保障。

公众参与矿产开发在我国还处于初步发展阶段，无论是从法律的规定、主管部门的指导以及公众的权利意识和参与意识等各方面都存在着不足之处。本次研究结合国外矿业大国公众参与矿产开发的规定及实践，总结分析实现矿产开发中公众参与的影响要素，构建矿产开发中公众参与的理想模型，并设计评价矿产开发中公众参与实现程度的指标体系，运用该体系分析我国矿产开发中公众参与的实现机制存在的不足，以期为我国矿产开发中公众参与的实现提供具体的建议。

1.3 研究内容和方法

1.3.1 研究内容

本书的主要内容包括六个部分：

第一部分为绪论，在论述公众参与矿产开发研究的依据与目的基础上，结合矿产开发中公众参与的国内外研究现状与成果，总述主要内容及创新与存在的不足之处。

第二部分为矿产开发中公众参与的相关概念及理论基础研究，阐述与分析矿产开发中公众参与的相关概念及内容，包括公众参与的概念，矿山环境管理和社区的概念。公众参与矿产开发决策和管理的理论基础包括民主理论、善治理论和可持续发展理论。同时该部分还对公众参与对矿业可持续发展和地方发展的重要意义进行了阐释。

第三部分为国外矿产开发中公众参与的实现机制研究，介绍美国、加拿大、澳大利亚和南非等国公众参与矿产开发的情况，包括法律规定和实践操作等。

第四部分分析了实现矿产开发中公众参与的影响因素和理想模型，结合相关实践和案例分析实现矿产开发中公众参与的影响因素并总结出实现矿产开发中公众参与的理想模型。同时构建了评价矿产开发中公众参与实现程度的指标体系，并运用该体系对澳大利亚、南非和中国的公众参与实现程度进行了比较分析。

第五部分研究我国矿产开发中公众参与实现机制中存在的不足并提出改进建议。

第六部分为结论，总结全书主要内容，为今后完善公众参与矿产开发决策和管理的机制提供有益的对策建议。各部分之间的关系见图1.1。

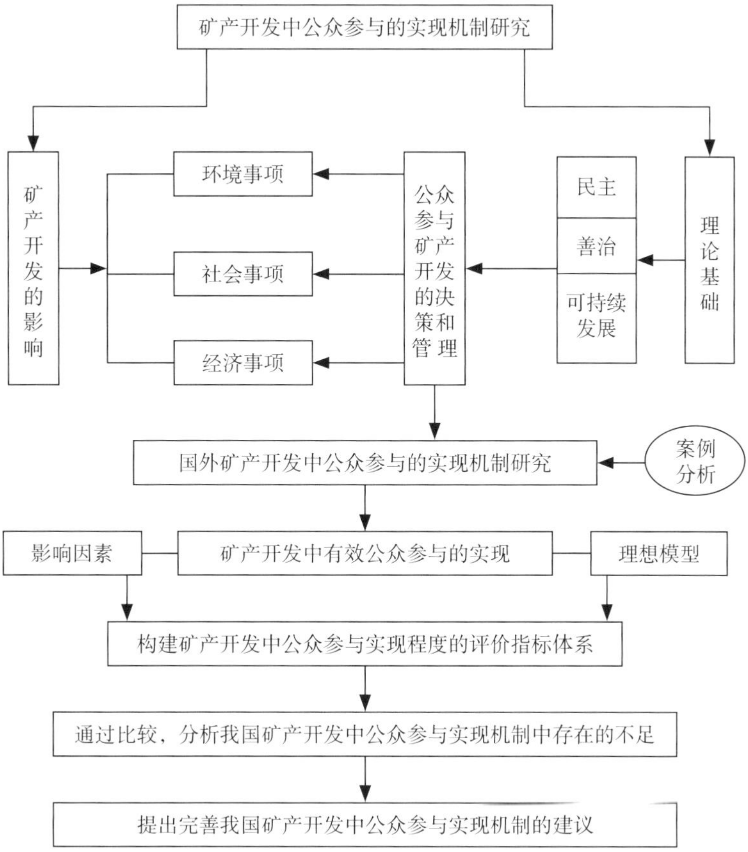

图1.1 技术路线图

1.3.2 研究方法

1.3.2.1 抽象分析与系统分析相结合的方法

研究科学问题，必须借助抽象思维方法，在占有大量客观事实材料、形成感性认识的基础上，通过抽象分析把感性认识上升到理性认识，从中找出解决问题的本质和规律。本书的研究对象是矿产开发中公众参与的实现机制问题，需要运用比较全面的法律、管理和社会学知识，以及掌握实践中公众参与矿产开发的具体情况。

1.3.2.2 规范分析与实证分析相结合的方法

规范分析与实证分析相结合是社会科学研究的一个重要方法。规范分析主要通过对一些基本概念和理论观点，如矿山环境管理、公众参与、社区磋商等进行规定性分析，从而确定研究的内涵、外延、特点和本质，为深入研究提供规范基础。实证分析主要是通过对具体现象及其产生过程进行分析研究，来深化对理论观点的认识。为了能够客观、全面、准确地研究矿产开发中公众参与的实现机制问题并提出行之有效的建议，可持续发展理论、民主、善治等相关理论在本研究中具有重要意义。

1.3.2.3 文献资料法

文献资料法主要指收集、鉴别、整理文献，并通过对文献的研究形成对事实的科学认识的方法。本研究通过利用数字图书馆、国家图书馆的馆藏资源及对国际互联网的部分搜索引擎，收集到与矿产开发中公众参与相关的论文及书目，为本书的设计、调查提供了理论依据。

1.3.2.4 案例分析法

查找国内外矿产开发中公众参与的案例进行比较分析，为本书提供实证资料。

1.4 研究创新与不足

1.4.1 研究中的创新点

第一，适应现代矿业开发“以人为本”的理念，本书提出了影响公众参与矿产开发社会、经济和环境事项决策和管理的具体要素，构建了公众参与矿产开发决策和管理的理想模型并设计了对矿产开发中公众参与实现程度进行评价的指标体系。

第二，根据矿产开发不同阶段的具体特点，本书详细分析了矿产开发各个阶段中公众参与的实现机制。鉴于地方和公众（尤其是矿区公众）分享矿产收益较少的现状，本书提出了设立使矿产收益分配向受矿业活动影响地区倾斜的财税制度建议。

第三，为了在我国的矿产开发决策和管理中实现有效公众参与，本书提出了具体的对策，包括：加强立法，确定公众的参与权，尤其是增强公众参与的效力；构建服务型政府；鼓励矿业公司成长为有社会责任感的实体；促进非政府组织发挥更积极的作用；重视公众的环境教育，促进公众权利意识、参与意识和参与能力的培养。

1.4.2 研究中存在的不足

（1）对我国公众参与矿产开发的决策和管理的实际调研较欠缺，在以后的研究中需要继续加强。

（2）由于国内的公众参与刚刚起步，国外的研究中少有对该方面的定量化研究，因此，本书构建的对矿产开发中公众参与实现程度进行评价的指标体系属于探索性的尝试，其中的不足在所难免，希望在以后的研究中进一步完善。

2　公众参与矿产开发决策和管理的概述

2.1　矿产开发中公众参与的相关概念

2.1.1　公众参与概念

公众指对某一问题感兴趣的任何个人或群体。公众不是单个的群体而是由具有不同价值和关注不同事项的利益相关者组成的。世界银行认为公众参与中的公众包括三类。一是直接受影响的群体：预期获得收益的人、承担风险的团体、利益相关团体，他们处于项目范围内或位于项目影响范围内；二是受影响群体的公共代表：国家和省级政府的代表、地方官员、传统的当局人员、地方机构、私有企业代表；三是其他感兴趣的群体：群众团体和学术团体等。利益相关者（stakeholder）指利益受到某个计划或活动影响（积极影响或消极影响）或者关注某个计划或活动及其影响的个人、群体、社区、组织、社团或行政机构。因此，该术语应该包括项目提议者、行政机构和所有感兴趣或受影响的各方（Chambers of Mines of South Africa，2002）。澳大利亚《矿业环境管理最佳实践》指出：利益相关者包括具有直接商业利益的人们——股东、雇员、合营者、贷款人、供货商和消费者，以及地方、州和国家政府机构、政府部长和其他政治家。利益相关者还包括受项目影响的人们——附近土地的所有人和占有人、城镇居民、土著居民、环保主义者和土地使用的竞争者（Environment Protection Agency，1995b，1995c）。

公众参与是各利益群体通过一定的社会机制，使更广泛意义上的公众尤其是弱势群体能够真正介入决策制定的整个过程中，实现资源公平、合理配置和有效管理（王凤，2008）。公众参与是指公众根据一些公开的可持续发展原则、公平原则、平等原则、合作原则和透明度及问责制原则，积极参与到对自身有影响的决策制定中，公众参与应该特别包括的人群有本地居民、当地社区、妇女、青少年和非政府组织，他们通常被称为“主要团体”（罗娜等，2009）。联合国亚洲及太平洋经济社会委员会在《自然资源开发项目中公众参与指南》（UNESCAP，1997）中认为：“公众参与可以被界定为一种程序，通过该程序所有利益相关者的观点被融入项目的决策中。”美国环保署在《资源保护与恢复法》《安全饮用水法》和《清洁水法》（Dietz et al.，2008）中对公众参与的定义是：“公众参与是决策程序的一部分，主管官员通过为受影响和感兴趣的人们提供充分地发表意见的机会来了解公众的态度。公众参与包括提供参与决策程序的途径、寻求公众意见并与公众对话、了解公众的观点和偏好并表明这些观点和偏好会被决策者考虑进去。在政府机构和对公共政策决定感兴趣或受其影响的不同利益群体之间，在一些重大问题上会存在分歧。公共机构应该鼓励决策早期各种问题的全面呈现，这样有利于问题的解决，及时做出决定。在该程序过程中，主管官员应努力鼓励和帮助公民的参与。”南非矿业协会在2002年发布的《矿业利益相关者的公众参与指南》中指出：“公众参与是通向各利益相关者（包括主管单位和项目提议者）和技术专家共同努力的程序，他们一起工作以做出更好的决定。这个程序导致可持续发展的合理的决策。”中国学界普遍认识到公众本身是一个充满利益区分和冲突的复杂构成，除关注自身利益的“有利害关系的公众”之外，还有为了维护和促进公众利益的作为“没有利害关系”的公众，即与特定利益相关的政府机关、企事业单位、专家学者、社会团体或其他组织等（张晏，2021）。

综上所述，笔者认为，矿产开发中的公众参与指各级政府、政府主管部门、矿业公司（矿山企业）、非政府组织、相关专家和矿山周围地区居民及其他团体在矿产开发的全过程即从前期勘探、采矿权的审批、矿产资源开采到矿山闭坑后的复垦等阶段中通过良性有效的信息交流，在与矿产开发有关的环境、经济和社会等事项中参与决策，促进矿产开发环境效益、社会效益和经济效益的整体实现。

2.1.2 矿山环境管理的概念

环境管理是20世纪70年代提出的一个概念。在1972年斯德哥尔摩联合国人类环境会议讨论经济发展与环境问题的相互联系和相互依赖的关系以前，环境问题常常只被看作是污染问题。1974年联合国环境规划署和联合国贸易与发展会议在墨西哥联合召开了“资源利用、环境与发展战略方针”专题讨论会，提出发展是为了满足人类的需要，但又不能超出生物圈的承载能力的看法。会议认为，协调环境与发展目标的方法就是环境管理。环境管理指“通过全面规划，协调发展与环境的关系；运用经济、法律、技术、行政、教育等手段，限制人类损害环境质量的活动；达到既要发展经济满足人类的基本需要，又不超出环境的容许极限”（王新等，2009）。环境管理体系是综合管理体系的一部分，它包括组织程序、环境责任和程序，它帮助一个行业遵守环境规范，界定技术和经济优势，并确保环境政策得到采纳和遵守。与传统的单独的环境审计和环境审查程序不同的是，环境管理体系确保一个组织的环境目标得到有效地实现。实际上，环境管理体系通过环境行动、程序、文件等网络将环境审计、审查和其他重要的环境管理程序联系起来，主要的目的在于推动持续的环境改良（Hilson et al.，2002）。

协作式环境管理是政府管理环境问题的一种新方法，是“政府中心过程”或称为“命令-控制”政策的转变，政府授权给市民和利益相关者，使其在规划和政策的决策过程中扮演一个重要的角色（王凤，2008）。协作是指利益相关者优先介入，并参与到项目的计划、执行和评估的整个过程；公众包含政府官员和其他的利益相关者；参与的形式一般是通过政府管理者汇集公众意见到项目计划并不断完善，这是一个不同利益相关者一起工作解决冲突、发展并达成一致共识的过程（王凤，2008）。做出环境决策的人如果是生活在受该政策影响区域内并且是需要为该政策付出代价的人，则这些人做出的政策会更有利于促进环境保护。这可以说是协作式环境管理隐含的一个逻辑基础。

矿山环境管理是指政府运用法律、经济、技术、行政、教育等手段，限制矿产勘查、开发与采选对周围环境要素产生的破坏和污染，使矿业发展与环境相协调，达到既要为经济发展提供矿产资源保障，又不超出矿山环境容量（姜建军，2004）。1995年澳大利亚环境保护署的《环境管理体系》中提出经过充分准备的环境管理体系可以帮助矿山管理层满足和应对现在和未来的环境要求和挑战（Environment Protection Agency，1995b）。澳大利亚矿产理事会于2005年6月正式出台的《持久价值：澳大利亚矿产工业可持续发展框架》中提到环境管理体系是可持续发展体系的组成部分。矿山环境管理中的环境应该包括生物环境、自然环境、社会环境、经济环境、文化环境和历史环境等广泛的内容。澳大利亚矿业环境管理最佳实践中指出开发者进行新项目时应从最广义的角度理解环境这个词，它不仅包括空气、水、生态系统等自然环境，也包括人和社区的基础建设等社会环境（Environment Protection Agency，1995a，1995b，1995c）。

协作式环境管理运用到矿产资源开发中意味着在涉及矿产资源开发所造成的或者与矿产资源开发相关的所有自然环境影响、社会环境影响以及经济环境影响等重大事项上，公众应该有权利和机会参与到政府的矿山环境管理并能够直接与矿业公司进行磋商与合作，使矿业发展实现环境利益、社会利益和经济利益的协调发展。

2.1.3 社区概念

社区不是单纯的指一个居民小区，而是在原有的行政区划基础上，以一个或几个有相似社会、经济、环境特征的相邻区域组成的社区。这类社区具有的最重要的特点就是社区中的公共物品、公共服务及公共事务对社区居民而言，具有较强的共享性。社区共享的内容比较广泛，不仅仅指物质利益，如社区基础设施、社区环境等公共物品或服务，还包含更多非物质利益，比如价值观念、习俗文化、生活方式等（周国梅等，2007）。社区为居住在特定区域或地区的一群人。在采矿业方面，社区通常指受公司活动影响的周围区域的居民（Minerals Council of Australia，2005）。在矿产行业，社区通常指以某种方式受到矿业公司活动影响的邻近或附近区域的居民和土地所有人，这种影响从性质上讲可能是经济的、社会的或者环境的（Guerin，2009）。本地社区可以被视为利益相关者，但是二者不完全等同，有些关键的利益相关者来自本地社区之外，例如全国性的或国际性的非政府组织、金融机构、地区政府和国家政府等。有些情形下，本地社区被作为“核心”或“关键”利益相关者来对待，这样既体现了本地社区的重要性又承认了矿业公司与本地社区外的利益相关者有磋商的义务。

2.2 矿产开发中公众参与的理论基础

2.2.1 民主理论

公众参与和民主理论有着密切的联系，这可以追溯到亚里士多德的观点：人天生是政治动物，通过积极地参与政治实现自我价值。民主制度是公众参与的理论基础和政治前提。美国学者卡尔·科恩认为，民主是一种社会管理体制，在该体制中，社会成员大体上能直接或间接地参与影响全体成员的决策；民主决定于参与，即受政策影响的社会成员参与决策（科恩，1988）。罗伯特·达尔认为，民主的标准之一就是有效参与即在政策被社团实施之前，所有的成员应当拥有同等的、有效的机会，以使其他成员知道他对政策的看法（达尔，1999）。在民主制度的发展历程中，代议制民主在自由市场经济时期被认为是最好的民主政治，这种民主通常通过选举的方式选出代表，由他们代表大众参与政治事务。代议制民主形成了自己的一系列规则和制度，例如，建立了选举制度，确立了成年公民的投票权，保护公民享有充分的言论自由权利等。但是代议制民主也有其自身的缺陷，人们发现随着代议制民主的发展和现代政党制度的成型，操纵政治国家的仍然是少部分的精英人物，民主在很大程度上没有从理想变为现实。在这种形势下，到了20世纪出现了一种新的民主形式——参与式民主，这种民主是代议制民主的补充，进一步丰富了民主的内涵。理论上将这种民主称为协商民主，也叫审议性民主或商议性民主。瓦拉德斯等人认为协商民主是一种民主治理形式，平等、自由的公民以公共利益为取向，在对话和讨论中达成共识，通过公共协商制定决策（莫吉武等，2009）。在受影响公众参与的情况下制定的决定比命令式的决策在效力上高一个层次。因为决定—宣布—辩护（Decide，Announce，Defend，DAD）的原则会使利益相关者对决策程序失去信任，而公众参与应该是基于协商的，这将使人们产生公平感并有利于公众支持依据该程序做出的决策（Chambers of Mines of South Africa，2002）。两种不同决策体系见图2.1。

加格瑞勒（2009）指出协商将会在许多不同方面促进公正：“首要的是，人们可能会论证，决议通常会因为对其他人的真实利益或偏好的忽视而是‘不公正的’。协商能够促成公正的另一个重要方面就是，迫使每个人修正他或她的论证以便使其变得对其他人而言是可接受的。协商在‘教导’人们公正行事的过程中也可能是重要的。实际上，人们在其中进行观点交换、聆听他人的论证的协商过程将有助于人们提高与其他人相处的能力。协商可以通过帮助每个参与者澄清和‘净化’他或她自己的立场来促成公正。实际上，协商可以是有用的，是因为它能提供信息以及扩大可能的备选方案的范围。”

协商民主作为民主理论与实践的最新发展，更为强调公民参与的重要性，普通公民通过各种途径和方式积极参与公共事务，以影响公共政策的制定和执行的行为（何包钢，2008）。协商民主过程通过对话或商谈来构造公民的集体观念和意志，它自然地要求承认公民的参与权（王锡锌，2008）。真正的民主应当是所有公民直接地、充分参与公共事务

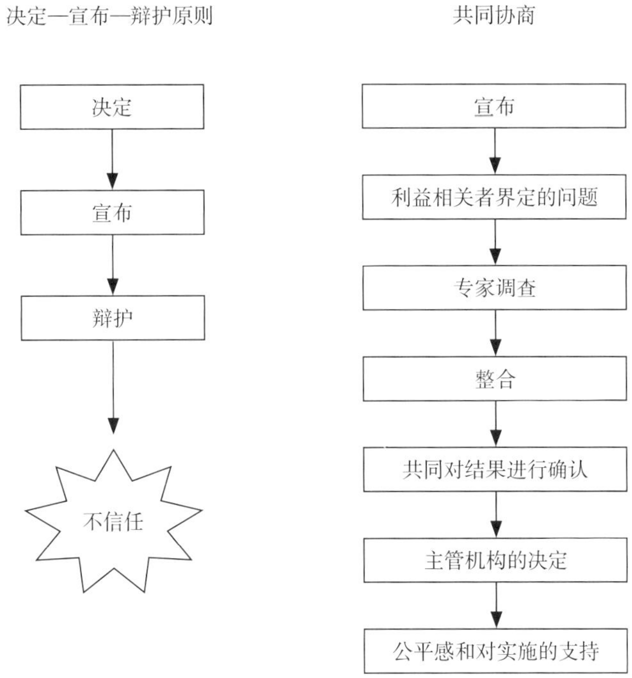

图2.1 两种不同的决策程序
（据《南非矿业利益相关者的公众参与指南》）

的决策的民主，从政策议程的设定到政策的执行，都应该有公民的参与。只有在大众普遍参与的氛围中，才有可能实践民主所欲实现的基本价值，如负责、妥协、个体的自由发展、人类的平等（佩特曼，2006）。民主如果要实现人对自我的真正控制，不仅需要在政治生活中实现全面参与，而且更需要在与自己生活密切相关的事务中实现直接的全面参与。马克·凯恩在《美国的环境民主》中认为（蔡守秋，2005）："人民和权力机构应该联合起来共同做出那些影响公共生活的共有决定。人民应该一起参加鉴定那些规定公共利益的目标和价值的过程；用通过政治的和社会的组织行使他们集体的权力以保障公共利益。这种民主是一种思想，即人民在鉴定和争取公共利益方面应该有平等的自由和平等的影响力。"矿产开发中产生的环境、社会和经济问题与公众（尤其是矿山周边社区的公众）密切相关，公众在这些事项中的参与，正是民主的本质要求。在世界各地开展的参与式自然资源管理的试验表明，社区能很好地制定和执行自然资源的管理决策，以社区为基础的自然资源管理可以产生良好的生态效益和社会效益（Ribot，2006）。

2.2.2 善治理论

善治是从治理发展演变而来的，世界银行在"治理与反腐败策略"项目中提出治理的概念为（俞可平，2009）："治理就是为形成公共政策，提供公共产品和服务，公共官员和公共机构获取和实施权威的方式。"联合国开发计划署认为治理是（俞可平，2009）："通过国家、公民社会和私人部门之间的互动，一个社会管理其经济、政治和社会事务所依靠的价值、政策和制度体系。它是一个社会自我组织做出决策并执行决策以取得相互理解和共识并采取行动的机制和过程。它是个人、组织和公司设定界限和提供激励的规则、制度和实践。治理包含社会、政治和经济维度，存在于人类事业的各个层面，无论是家庭、村庄、都市、国家、地区抑或全球。”全球治理委员会在《我们的全球伙伴关系》中对治理的定义为（俞可平，2000）：“治理是各种公共的或私人的个人和机构管理其共同事务的诸多方式的总和。它是使相互冲突的或不同的利益得以调和并且采取联合行动的持续的过程。这既包括有权迫使人们服从的正式的制度和规则，也包括各种人们同意或以为符合其利益的非正式的制度安排。”治理理论强调的是建立一个效率、法治、责任的公共服务体系，达成信任与互利基础上的社会协调网络。它主张改变政府主导一切的局面，将公民权作为整个政府治理体系的中心，强调政府角色定位要由“支配”转变为“服务”，建立公共服务精神，重视公民社会与公民权利，推进政府、社会、公民相互之间的沟通与合作（何霜梅，2009）。治理表明，在现代社会国家正在把原先由它独自承担的责任转移给公民社会，即各种私人部门和公民自愿性团体，后者正在承担越来越多的原先由国家承担的责任（俞可平，2000）。在社会资源配置中不仅存在国家的失效和市场的失效，也存在着治理失效的可能。因此，治理有恶治（bad governance）和善治（good governance）之分。善治是（李楯，2008）：“一种通过政府、企业、非政府组织和非营利组织、社区和公众，甚至是国际的互动、协调、合作，以使公共利益最大化的目的得以实现的管理过程。”世界银行在讨论善治时认为（俞可平，2009）：“善治通过以下内容来体现：可预见的、公开的和开明的决策制定过程；具有职业伦理的科技组织；对其行为负责的政府行政；参与公共事务的公民社会；以及所有人都依法治而行动。”而联合国开发计划署在使用善治概念时，认为“……尤其重要的是参与、透明和负责任。善治也应该是有效率的和公平的，而且它促进法治。善治确保政治、社会和经济的优先发展是建立在一个社会的广泛共识基础之上的，而且确保一个社会在做出发展资源的分配决策过程中最穷和最弱势人群的声音被听见”。善治是使公共利益最大化的社会管理过程，其本质特征在于它是政府与公民对公共生活的合作管理，是政治国家与公民社会的一种新颖关系，是两者的最佳状态（国际行动援助中国办公室，2007）。联合国亚洲及太平洋经济社会理事会确认善治的8个主要特征：本质上是参与，方向上达成共识，具有公信力，透明，积极回应，有效用和效率，公平和包容，法治。《治理与善治》（俞可平，2000）指出，“善治有赖于公民自愿的合作和对权威的自觉认同，没有公民的积极参与和合作，至多只有善政，而不会有善治。所以，善治的基础与其说是在政府或国家，还不如说是在公民或民间社会。从这个意义上说，民间社会是善治的现实基础，没有一个健全和发达的民间社会，就不可能有真正的善治。”

善治对矿产开发中公众参与的要求在于政府、矿山企业和公众之间的良性互动，政府和公众对矿产开发活动所产生环境、社会和经济等事项的合作管理，在单纯的市场手段不能公平公正地分配资源和进行资源的最优化利用且矿山企业不愿意投资周期长、收益低的公共产品（即“市场失灵”）时，政府通过运用政治权力为社会提供公共产品并进行矿业收益的二次分配。当某些弱势群体的利益被忽略时，公民社会通过向政府和企业施加影响，促进政府和矿山企业的工作及更好的矿产资源管理，最终促进矿产开发收益的更公平公正地分配和分享。矿山企业对善治的贡献在于提高企业社会责任，在通过矿产开发为国家经济做出贡献的同时，也为全社会尤其是矿山周围社区的环境利益和社会利益做出贡献。这样通过各方利益相关者之间的合作，有利于充分发挥各方的积极性，实现各自的利益，从而有助于和谐矿山、和谐矿区的建设。在矿产资源善治的过程中，政府、矿产企业和公众的地位和功能都会有所转变，政府承担更多的服务功能增强了其管理矿产资源开发活动的有效性和合法性；矿山企业通过承担更多的环境和社会义务，缓和了与周边社区的紧张关系，有利于提高其生产效率减少成本；公众通过参与矿产开发的决策和管理，提高了民主意识和参与意识，促进了整个社区的民主进步。可以说，善治对矿产开发中的公众参与提出了要求，同时善治也是矿产开发中的公众参与能够有效实施的制度基础之一。矿产资源善治的模型见图2.2。

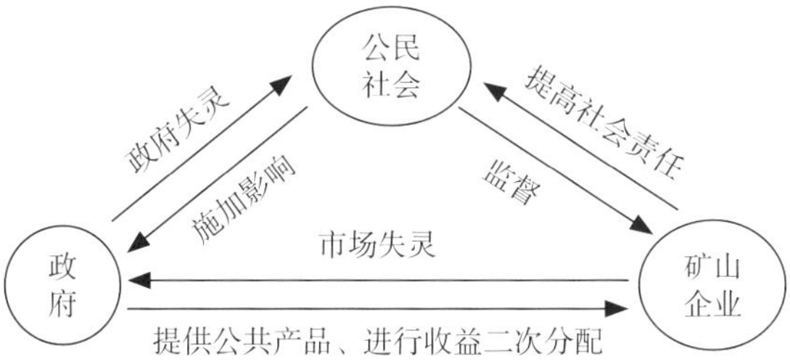

图2.2　矿产资源善治模型

2.2.3　可持续发展理论

工业革命后，随着人类工业化程度的提高，越来越严重的环境问题也逐渐显现，工业发达城市和工矿企业排出的大量废弃物污染了环境。到20世纪50—60年代出现了环境问题的第一次高潮，世界著名的“八大公害事件”大多发生在这个时期。而到了20世纪80年代以后，伴随着环境污染和大范围的生态破坏，出现了又一次的环境问题高潮，而且这次问题较之前一次范围更广，涉及全球性的污染和生态破坏。由于环境污染和生态破坏不仅损害到人类的健康和生活质量，而且对经济的发展也产生了巨大的影响，这种状况引起了人们对环境问题的思考，其中先行人物是美国科学家蕾切尔·卡逊。她在其所著的《寂静的春天》中阐明了人类与大气、海洋、河流、土壤和动植物之间的密切关系，初步揭示了污染对生态的系统的影响。虽然，《寂静的春天》给当时的人们很大的冲击，但是现实中的环境问题却并未减缓，反而愈演愈烈，更多的人开始觉醒，意识到这种情况不进行控制的话人类的发展将无以为继。1972年罗马俱乐部提出了第一份研究报告——《增长的极限》。该报告认为由于人口按指数增加模式增长，从而要求粮食等人类生活用品也必须按指数模式增长，但是地球的可耕地和其他矿物资源是有限的，势必使社会物质财富的增长面临资源不足的困境；人口和经济的增长，引起环境污染的种类、范围和绝对量也遵循指数增长规律日趋严重，而地球吸收污染物的自净能力十分有限，从而使环境恶化、生态平衡失调。因此，世界若按现在的趋势发展下去，在未来100年内总有一天会到达极限，出现全球性灾难。为避免这一危机的发生，他们提出“零度增长”的使全球均衡发展的对策。这种“合理的持久的均衡发展”为孕育可持续发展的思想萌芽提供了土壤（王新等，2009）。“可持续发展”（Sustainable Development）的概念是在1972年斯德哥尔摩举行的联合国人类环境会议上正式讨论的。1980年联合国环境规划署、世界自然基金会和国际自然保护同盟共同发布的《世界自然资源保护大纲》首次正式使用可持续发展概念，指出：“必须研究自然的、社会的、生态的、经济的以及利用自然资源过程中的基本关系，以确保全球的可持续发展。”1981年，美国布朗（Lester R. Brown）的著作《建设一个可持续发展的社会》，提出以控制人口增长、保护资源基础和开发可再生能源来实现可持续发展。1987年，世界环境与发展委员会的报告《我们共同的未来》，将可持续发展定义为：“既能满足当代人的需要，又不对后代人满足其需要的能力构成危害的发展。”该报告系统地阐述了可持续发展的思想，并提出了一条新的发展道路，即从单纯考虑环境保护的角度转向环境保护和人类发展相结合。《我们共同的未来》对可持续发展的定义在1989年联合国环境规划署第15届理事会通过的《关于可持续发展的声明》中得到接受和认可，该声明认为可持续发展的定义和战略主要包括4个方面的含义：①走向国家和国际平等；②要有一种增援性的国际经济环境；③维护、合理使用并提高自然资源基础；④在发展计划和政策中纳入对环境的关注和考虑。1992年6月，在里约热内卢召开的联合国环境与发展大会，通过了以可持续发展为核心的《里约环境与发展宣言》《21世纪议程》等文件。其中《里约环境与发展宣言》指出：“人类处在关注持续发展的中心。他们有权同大自然协调一致从事健康的、创造财富的生活；必须履行发展的权利，以便公正合理地满足当代和世世代代的发展与环境需要；为了实现可持续的发展，环境保护工作应是发展进程的一个整体组成部分，不能脱离这一进程来考虑。”《21世纪议程》指出：“可持续发展的必要条件是推行健全的经济政策和管理的决心，它需要有一个既有效又可以预测的公共行政制度，需要把环境的考虑因素纳入决策过程，并且需要根据各国的具体情况，朝民主统治的方向前进，让所有有关各方充分参与。”可以看出，可持续发展的核心是发展，但要求在严格控制人口、提高人口素质和保护环境、资源永续利用的前提下进行经济和社会的发展。

公众参与是可持续发展的内在要求，在可持续发展理念产生之初，公众参与就作为其不可缺少的一部分得到了重视和关注。实际上在可持续发展得到全球范围的认可之前，20世纪70—80年代公众参与在环境保护领域中的重要性和必要性就已经在一系列文件中体现出来了。如1972年的《人类环境宣言》"要求人民和团体以及企业和各级机关承担责任，大家平等地从事共同的努力"以实现环境保护的目标。1982年的《内罗毕宣言》中指出："应通过宣传、教育和训练，提高公众和政界人士对环境重要性的认识。在促进环境保护工作中，必须每个人负起责任并参与工作。"1982年联合国大会通过的《世界自然宪章》要求："所有规划工作都应将拟订养护大自然的战略、建立生态系统的清单、评估拟议的政策和活动对大自然的影响等列为基本要素；所有这些要素都应以适当方式及时公告周知，以便得到有效的磋商和参与。""人人都应当有机会按照本国法律个别地或集体地参加拟订与其环境直接有关的决定；遇到此种环境受损或退化时，应有办法诉请补救。"到了20世纪90年代，随着可持续发展的理念在全世界范围得到认可，公众参与也得到了快速发展。1992年在里约热内卢召开的联合国环境与发展大会通过的《里约环境与发展宣言》中原则22指出："本地人和他们的社团及其他地方社团，由于他们的知识和传统习惯，在环境管理和发展中也起着极其重要的作用。各国应承认并适当地支持他们的特性、文化和利益，并使他们能有效地参加实现持续发展的活动。"《21世纪议程》也将公众参与作为实现可持续发展的必要条件，在第八章《将环境与发展问题纳入决策进程》中指出："各国政府应在与各国机构和团体、新闻界和国际社会合作下促请社会大众和专业阶层注意，使他们认识到综合考虑环境与发展问题的重要性，并应建立与公众直接进行意见交流的机制。应当优先考虑给予不同社会团体以承担责任和做出可能贡献的机会。"在第二十三章中指出："要实现可持续的发展，基本的先决条件之一是公众广泛参与决策。此外，在环境和发展这个较为具体的领域，需要新的参与方式，包括个人、群组和组织需要参与环境影响评价程序以及了解和参与决策，特别是那些可能影响到他们生活和工作的社区的决策。个人、群组和组织应有机会取得国家当局掌握的有关环境和发展的资料，包括关于对环境有或可能有重大影响的产品和活动的资料和关于环境保护措施的资料。"同时提出了加强主要人群（妇女、工会、农民、儿童和青年、原住民、科学界、当地政府、商界、工业界和非政府组织）在实现可持续发展中所应起的作用。1998年的《奥胡斯公约》是专门规定公众参与制度的国际条约，全面规定了公众参与的三大支柱：公众在环境事务方面的知情权、参与决策权和诉诸司法权。2001年该公约的生效反映了在全世界范围内公众参与在经济发展中的重要作用。2002年在南非约翰内斯堡召开的可持续发展世界首脑会议通过的政治宣言第二十六条承诺："我们认为可持续发展需要长远的眼光和各个层面广泛地参与政策制定、决策和执行。作为社会伙伴我们将继续努力与各个主要群体形成稳定的伙伴关系，并尊重每个群体的独立性和重要作用。"无论将公众参与视为最终的目的还是将其视为实现最终目的程序，其都被视为有助于可持续发展的实现。

2.3 公众参与和矿业可持续发展

1987年《我们共同的未来》中所提出的可持续发展的概念得到了广泛的认可，该定义对矿业活动具有重要的影响和意义：该定义扩展了环境问题的范围，使其包括从开采到闭坑后矿业项目对当地居民的社会、文化、经济和传统环境的影响。环境问题的焦点变为当地居民决定自己及子孙后代生活质量的权利。如果对可持续发展进行严格的字面解释，由于矿业活动本身的性质，如不可避免地对环境的不利影响以及留给后代越来越少的矿业储藏等使得矿业与可持续发展被认为是完全不一致的两个方面。约翰内斯堡行动计划提出了"可持续矿业实践"和"可持续的采矿和矿物发展"概念。虽然该行动计划并没有进一步对可持续矿业的解释、范围和使用做进一步的说明，但是约翰内斯堡行动计划中在可持续发展的框架下讨论矿业的条款意义非常重大，它表明国际社会认可了矿业对可持续发展的重大作用。

国际采矿和环境圆桌会议（International Round Table on Mining and The Environment）1991年设计了《矿业基本原则》（Fundamental Principles for the Mining Sector），1999年在对该项原则进行了修订。第一个版本主要集中在环境管理的技术和物理层面，而修订版则反映出了对社会、社区和性别等问题的关注。具体原则包括在矿山作业周期中将环境管理作为优先问题进行考虑；承认采矿作业中社会经济影响和社会规划的重要性；进行环境审计、采用先进技术减少污染以及确保受影响社区和其他直接利益相关者在矿业活动所有阶段的环境和社会事项中进行参与和对话的权利（包括妇女和其他边缘群体的充分参与）。

1999年，9家世界最大矿业公司总裁会聚瑞士达沃斯发起了全球矿业倡议（Global Mining Initiative）。根据全球矿业倡议，几大公司于2000年4月启动了"矿业、矿产和可持续发展（MMSD）"项目，调查矿业对可持续发展的贡献，同时就如何在全球、地区、国家以及地方层次上提高矿业对可持续发展的贡献率提出建议。这些顶级矿业公司同世界可持续发展商业委员会（WBCSD）共同工作，其后又委托国际环境与发展研究所（IIED）矿业和矿产工作组开展该项目。2002年5月，项目组完成了题为《开创新纪元》的项目总报告并完成了若干份报告。项目的基本结论是，在矿业领域可持续发展的目标应该是：以保证成本和利益均衡分配的方式最大限度地为当代人的幸福做出贡献，同时不降低后代人满足其需求的潜力。其中矿业、矿产和可持续发展（MMSD）项目北美小组通过与政府、企业、非政府组织、原住民及金融领域的广泛磋商，确定了同矿业可持续发展最密切的7个问题，作为评价矿业项目或矿业活动对可持续发展所做贡献的一个手段（表2.1）。

从这个框架可以看出，项目小组认为矿业的可持续性评价应该综合考虑在公众参与矿产开发全过程并且有适当的制度安排和政府管理的前提下，矿业活动对公众（尤其是矿山周边社区公众）产生的社会、环境和经济影响能否对可持续发展实现正效应。继此项目之后，2003年由15家世界矿业公司创建了国际采矿和金属理事会（ICMM），希望在矿业迎接可持续发展所面临的挑战方面起主导作用。ICMM对矿产和金属业可持续发展的定义为：在技术上适当、环境上健康、财务上盈利和对社会负责的投资。公众参与作为矿业可持续发展的组成部分在ICMM有关矿业可持续发展的指南中也得到了反复的强调。

表 2.1 可持续性评价

参与	是否存在参与程序并运行良好
人类	人类的福利是否得到维持或改善
环境	环境的整体性从长远来看是否得到保证
经济	项目或采矿作业的经济生存力是否得到确保，矿山社区的经济在矿山存续期间及闭坑后能否因这些项目或活动而有所改善
传统和非市场活动	矿山社区和周边区域的传统活动和非市场活动的处置方式是否为当地公众接受
制度安排和治理	是否存在处理项目或矿产作业影响的规则、激励措施、方案和能力
综合评价及持续学习	一个全面的综合评价能否显示从长远来看最终的结果是正面的还是负面的，而且是否存在定期的再评价机制

（MMSD North America，2002）

在1992年里约热内卢会议上，并没有专门讨论矿产与可持续发展有关的问题，在联合国发表的40个章节的《21世纪议程》中也没有直接提到矿产及相关化合物。2000年，可持续发展委员会第八次会议提出了“在可持续发展体系中，把矿物、金属和复垦”作为未来工作的优先领域，这是首次在国际层次的可持续发展问题中提出矿产部门问题。

《可持续发展首脑会议实施计划》第18条：加强公司在环境和社会方面的责任和义务，是关于工业对可持续发展的义务。这将包括各级的行动以便：①考虑到如国际标准化组织的倡议以及关于可持续性报告的“全球报告倡议”指南等，并考虑到《里约环境与发展宣言》原则11，鼓励工业界通过自愿行动，包括环境管理体系、行为守则、认证以及关于环境和社会问题的公开报告，提高社会和环境业绩；②鼓励企业同其营运所在社区以及其他利益相关者进行对话；③鼓励金融机构在其决策过程中纳入可持续发展问题；④制订以工作地点为基础的伙伴关系和方案（包括训练和教育方案）。

《可持续发展首脑会议实施计划》第46条提到了矿产行业对可持续发展的贡献：采矿、矿物和金属业对许多国家的经济和社会发展十分重要。矿物是现代生活的必需品。为了提高采矿、矿物和金属业对可持续发展的贡献，所有各级需要采取下列行动：①支持各种努力来应对采矿、矿物和金属业在其整个生命周期中对环境、经济、健康和社会方面所产生的影响（包括对工人健康与安全的影响）及惠益，以及利用在各有关政府、政府间组织、矿业公司、工人和其他利益相关者之间形成的一系列伙伴关系，促进国家和国际上的现有活动，以提高可持续采矿和矿物业发展的透明度和负责任程度；②遵照国家法规并考虑到重大的跨界影响，加强当地和原住民社区及妇女等利益相关者的参与，使其在采矿的整个生命周期（包括关闭矿场之后的恢复阶段）在矿物、金属和采矿方面发挥积极作用。

澳大利亚矿产行业通过澳大利亚矿业协会和其他行业协会承诺在商业运营的所有方面遵循可持续性原则。《持久价值——澳大利亚矿产行业可持续发展框架》规定了澳大利亚矿产行业实施ICMM原则的指导。其核心作用就是将可持续发展原则运用于实践，确保矿产行业以符合社区期望的方式进行作业，通过自然资源的有效管理实现矿产行业对社会长期效益的最大化。澳大利亚对矿业可持续发展的界定为：在矿业部门的管理下，按照最有效的、竞争性的、环境负责的方式，通过开展最好的实践活动，在从矿产生产到处理整个循环周期中通过与用户和其他人合作，对矿产品和金属产品进行勘探、开采、生产、增值、运输、利用、再利用、再循环和处置，从而尊重并在公司和政府的决策中考虑所有资源用户的需要和价值观，为当代人和子孙后代保持或提高生活和环境的质量，并保证利益相关方、个人和社区参与决策（表2.2；徐曙光，2004）。

1996年加拿大自然资源部公布的《加拿大联邦政府的矿物与金属管理政策——通过合作伙伴关系，促进可持续发展》认为矿业与金属的可持续发展包括下列因素：在勘探、开采、生产、加工增值、使用、再使用、再循环以及在必要情况下处理矿物与金属产品过程中采用最佳工作方案，使用最有效、最有竞争力、对环境最为负责的工作方式；尊重所有资源使用者的需求和价值观并将所有这些融入政府的决策中；保持或提高当代以及后代人的生活质量和生活环境；保证各有关机构、个人及社区的参与决策（加拿大自然资源部，1996）。

表 2.2　矿产行业中 4 代利益相关者参与的演变

利益相关者参与	第一代	第二代	第三代	第四代
方式	传统的		新兴的	
关注点	遵守法律要求	名誉	社会许可证	人道和生态
对象	监管机构	影响者和精英	受影响者	包括少数群体和边缘化群体
优先事项	科学	信息	对话和联系	公平
意图	通知	缓和	理解	授权
管理重点	遵守	风险	风险和机会	权利和责任
互动	预先确定的	回应的	积极主动的和系统的	参与式的
发生率	出现争论时	发生危机时	持续的	持久的
可得性	封闭的	开放的	透明的和负责的	相互的
所涉学科	技术	公共关系	社区关系	社区发展
信息流	单向的	双向的	回应的	复杂多向的
沟通重点	内部	外部	内部和外部	综合的
消息传递	固定的	构建的	特制的	直觉直观的
影响范围	地区	全球	从地方到全球	网络化的

（据Kemp et al.，2006）

无论从国际层面关于矿业可持续发展的论述还是各国国内有关矿业可持续发展的界定，都可以看出公众参与作为矿业可持续发展的重要方面和内在要求已经得到了广泛的认可。有学者指出：公众参与必将重新界定21世纪的重大经济发展项目，而矿业、能源和资源产业受其影响最大，同时认为矿业未来的发展趋势之一就是公众参与的进一步扩展

（Pring et al.，2005）。

公众参与的最大好处就在于其对可持续发展做出的贡献，因为可持续发展包括经济发展、社会公平和生态完整3个层面，任何政策、方案、项目如果想成为可持续性的就必须考虑可持续发展的这3个层面。对于每一个具体的矿业项目来说，它们的可持续发展点各不相同，公众参与可以通过平衡可持续发展的3个层面，考虑每个项目的具体情况，帮助决策者去找到可持续发展点。可持续发展扩展了参与矿产开发的传统的主体范围，将那些受矿业活动影响的人群包括在内。在可持续发展的框架内，有关矿业开发的决策和收益不再局限于传统的国家-投资者关系，而是必须成为有效磋商和参与的组成部分，当地社区及公众尤其是过去处于不利地位的人群的参与应该得到保障。不同的利益相关者代表可持续发展的不同层面，例如，矿产行业代表经济发展，之前处于不利地位的人群代表社会公平，而环境NGO则代表生态完整，这些利益相关者通过共同权衡帮助决策者确定每个项目的可持续发展点（Chambers of Mines of South Africa，2002）。

2.4 公众参与和地方发展

矿业是对社会、经济、环境有重大影响的行业，矿山周围的社区受到矿山开发活动的影响最大。从20世纪90年代开始，国际社会对矿业可持续发展的要求不再局限于强调矿产资源开发不对环境产生危害性的不利影响方面，而是要求矿业投资为矿区当地公众带来利益，尤其强调公众分享矿业利益的权利。在很多矿产资源丰富的发展中国家，矿业开发不仅没有为当地带来财富和繁荣，反而使当地陷入更贫穷的境地。例如，20世纪80年代至21世纪初，国际社会对非洲一些援助和20亿美元的捐助反而使这些国家比接受援助之前更穷，这些国家同世界其他国家之间的差距实际上在该期间内扩大了（Sirolli，2010）。随着社区意识的觉醒，矿业项目需要更多地考虑社会风险，将社区发展等问题列入矿业项目决策中。尽管矿山周围社区的可持续发展仍然是人们的一个理想，要实现该目标需要更多的努力，但是矿业可持续发展应该是指矿业在保护自然环境的同时促进经济发展并为矿山当地社区及广大公众带来持久利益。世界银行在对《采掘业审查报告》的回应中称：世界银行只支持获得受影响社区广泛支持的采掘业项目，要求事先与受影响社区进行自由且信息充分交流的磋商以获得社区的广泛支持。在世界银行资助的项目中其鼓励对社区进行能力建设，使社区的公众能够对影响他们的项目进行监测，其也将同政府、项目方和社区一起确保受影响社区尽可能广泛地从项目中受益。其中一个途径就是在矿业利益分配上更多地考虑矿山周围社区的长远利益，这也是国际矿业发展的趋势之一。过去矿业税收由中央政府征收而很少考虑到省级和矿业活动所在地地方政府分享矿业税收的问题，近年来随着这些地区日益强烈的分享要求，越来越多的收益分配给省级政府和矿区地方政府。有学者（Williams et al.，2005）在谈到国际矿法未来的改革方向时就指出："矿法的改革方向之一是平衡国家、省级和地方政府之间在规范矿业勘探和开采活动以及征收矿业收益之间的权力和利益。”世界银行的文件也指出：政策制定者和矿业公司应该考虑通过一些方式使受矿业活动影响的社区直接分享矿业收益，这些方式包括承认矿业收益可以通过税收或非税等多种方式分享给社区；平衡包括权利金在内的整体的税收体系使矿业公司愿意在社区和地方级别对可持续发展事业进行投资；要求矿业公司将权利金（或其他矿业税收）的一部分直接支付给社区而无须从中央税务机构转移资金，或者设立一个体系将指定的社区份额支付给中央机构然后再以一种透明及时的方式进行分配（Otto et al.，2006）。一些国家的矿业税费制度体现了对包括当地社区及公众在内的利益相关者利益的考虑。除了直接分享税收收益，地方公众还可以在其他社会事项上从矿产开发中受益并进而促进当地经济社会的可持续发展。协同全球咨询有限公司（Synergy Global Consulting Ltd.）受世界银行石油、天然气和矿业可持续社区发展基金的委托对几内亚共和国矿产行业的社区发展框架进行研究，希望为矿业领域的社区发展提供一个工具，能确保地方社区分享与矿业活动相关的收益和机会并实现地方的长期可持续发展。在其做出的《几内亚共和国矿产行业的社区发展框架研究——总结报告》（Synergy Global Consulting Ltd.，2007）中指出：社区发展的成功关键在于所有受影响各方的全面参与，为了使矿业公司能经营成功并对当地发展产生积极的作用，公司应该将公司运营的方方面面及其对地方的影响和各利益相关者的能力和角色考虑进去，此外，特别重要的是公司社区发展项目的主要目标之一应该是加强社区处理自己问题的能力，因为这才是确保可持续性的唯一方式。因此，成功的社区发展不仅是为当地人提供就业和商业机会，而且是开展能够提升当地公众技能的项目，这样当矿山闭坑以后，这些掌握了技能的劳动力能够及时在其他行业找到就业机会。报告中建议的社区发展框架标准中对各利益相关者的参与活动进行了具体的列举，具体详见表2.3社区发展框架标准中各利益相关者的参与活动。

表 2.3　社区发展框架标准中各利益相关者的参与活动

原则	矿业公司	政府	当地社区
在受项目影响社区的社会、环境和经济状况评价	发布基准研究	社会-经济基准研究的要求	
包括在运营、社区和政府规划中的战略性社区发展规划	制订社区发展计划（支持当地能力培养、制订监测机制）	社区发展计划要求能力培养	融入地方发展规划与公司合作的年度计划
促进地方参与，增强同当地社区和商业其他领域利益相关者的合作与磋商	制订利益相关者参与计划，设立跟进和监测机制	利益相关者参与的要求	对矿业项目影响进行跟进和监测的机制
在公司内部及与当地社区保持沟通和透明度	观点调研、沟通计划、投诉机制	与项目相关的协议和法律文件的可及性、公共支出的透明性	参与沟通计划，与公司磋商，协助信息的散播
在公司内部、当地社区和地方政府中进行处理社区发展问题的能力培养	按照社区发展计划支持能力培养倡议	地方政府管理培训项目	

续表

原则	矿业公司	政府	当地社区
通过定期的内部和外部活动监测和审查不断改进，与同行互相学习并交流经验	建立社区发展活动及发展计划实施的定期审查程序，与其他项目建立互访机制，分析最佳实践	设立实施和监测机构	进行监测和评价，设立管理机制
通过土地利用和废弃物管理以及退化场址的复垦来保护环境	开展环境影响评价，提供复垦基金	包括环境影响评价在内的环境法和标准	制定环境管理参数的协议
通过寻找当地货物和服务来源以及培养当地企业提供货物和服务的能力来增加本地采购	发布需要的货物和服务清单，在技能缺乏时进行培训支持	支持矿区中小企业的发展和技能发展	给地方企业优先权，与矿业公司一起发展必要的技能

（Synergy Global Consulting Ltd.，2007）

国际采矿和金属理事会的《社区发展工具包》中指明：最成功的社区发展活动是将磋商和参与原则融入其中的活动，所有的利益相关者之间应该建立一种信任和参与的关系（ICMM et al.，2005）。Bowes-Lyon et al.（2009）对加拿大纳尼西维科（Nanisivik）和北极星（Polaris）矿山的社会和经济影响进行研究后发现，为了确保矿山所在地区从矿产开发中受益的方式之一就是贯彻可持续发展的战略，即矿业公司、社区、社区组织和各级政府一起努力，在使矿业活动对环境影响最小化的同时，使矿业的经济和社会利益最大化。为了使矿山带来的收益在矿山闭坑后仍然能够持续，为了加强矿产开发的社会经济利益并协助当地实现可持续发展的目标，矿业公司应通过与有关利益相关者的密切联络与合作加强当地公众的教育与培训并鼓励当地商业企业的发展，形成良好的伙伴关系。对于矿产开发来讲，要对可持续发展有所贡献，最重要的是将矿产开发所带来的经济收益通过像技能培训和技术转让等人力和社会资本的形式进行投资，使矿产开发的好处在矿山闭坑后仍能为当地公众持续地享受。

3 国外矿产开发中公众参与的实现机制研究

随着人们对于矿业活动造成的环境不利影响越来越关注和担忧，以及公众参与矿业利益分享的呼声越来越强烈，公众参与矿产资源开发得到了国际社会的广泛关注，并且通过制定有关公众参与的文件促进矿产资源开发中公众参与的实现。公众获取信息的权利是公众参与的重要前提，充分和不间断的信息提供将使利益相关者具有进行有效参与的能力和理解力。充分的信息披露将帮助减轻不必要的担忧并有利于各方共同做出可持续性的项目选择。关于公众的信息获取权在很多国际文件中都有明确的规定。如《世界人权宣言》第19条规定："人人有权享有主张和发表意见的自由；此项权利包括持有主张而不受干涉的自由，以及通过任何媒介和不论国界寻求、接受和传递消息和思想的自由。"《公民及政治权利国际公约》第19条第2款规定："人人有自由发表意见的权利；此项权利包括寻求、接受和传递各种消息和思想的自由，而不论国界，也不论口头的、书写的、印刷的、采取艺术形式的、或通过他所选择的任何其他媒介。"1992年联合国环境与发展大会通过的《里约环境与发展宣言》原则10为："环境问题最好是在全体有关市民的参与下，在有关级别上加以处理。在国家一级，每一个人都应能适当地获得公共当局所持有的关于环境的资料，包括关于在其社区内的危险物质和活动的资料，并应有机会参与各项决策进程。各国应通过广泛提供资料来便利及鼓励公众的认识和参与。"在矿产开发的所有阶段使受影响的公众能够得到相关的信息是公众参与的关键，公众获取信息的权利可以通过规定矿业公司向主管部门披露特定信息的义务及公众从主管部门获取环境信息（包括矿业公司提供的信息）的权利来实现。过去矿业公司披露信息主要是为了满足主管机构的管理要求，因此信息更多地披露给管理部门，而包括矿山周围地区公众在内的利益相关者能够获取的信息却很少。如今很多矿业公司通过发布公司环境报告主动地向公众披露相关信息。国际环境与发展研究所2001年9月发布的《信息获取：对矿产行业建立信任的关键》（Fülöp et al.，2001）中特别提到：需要采取相应的措施和机制使公众获取信息的权利变为现实，由于矿业活动大多发生在较偏远的地区，因此在沟通方式的选择和当地社区的能力培养方面，公司和政府机构应该发挥积极的作用。报告建议最好是设立信息联络点，使信息能够真正到达公众。《公司沟通标准、实践及问题——信息获取：对矿产行业建立信任的关键》（Thomson et al.，2001）中总结出这样的结论：可持续性的主要方面在于每个特定项目的运作方式，成功与否不仅要考虑现有的经济参数，而且要将社会和环境参数考虑进去。公司向公众和利益相关者所做报告的标准化还有待时日，但是某些公开的形式以及审计等措施能够增加公司相关信息的透明度和可信度。2001年10月发布的《社区的信息需求：矿山生命周期中的信息获取》(Gibson，2001a)中提到："仅仅提供信息本身并不能保证信息能为社区理解，也不意味着信息会被广泛传播。人们对信息的理解会受到信息传达方式、沟通程序、个人获取和使用信息的能力以及矿产行业与社区之间先前关系等诸多因素的影响。"该报告建议与社区的沟通应该贯穿矿产资源开发的全过程，而且应该是双向的互动式沟通；公司在信息提供方面发挥着核心的作用，社区成员可能会对公司的背景资料、利益分享结构等信息感兴趣；政府部门应该帮助社区获取和理解有关矿业开发和经济发展的信息，还应该告诉社区政府有关机构和部门在矿业许可和监控中的作用；社区成员可以提供有关矿业影响的关键信息，帮助企业做出合理的决定。此外，报告还建议设立帮助社区获取信息的机制和资助制度，并通过能力培养减少矿业公司与社区之间权力的不均衡。

为了让公众有效地参与决策，必须赋予公众影响决策过程和结果的权力，而且公众在知情权和参与权受到侵犯时应该有权在司法、行政或其他纠纷解决机构得到相应的救济。1992年的《里约环境与发展宣言》规定：每一个人"应有机会参与各项决策进程。应让人人都能有效地使用司法和行政程序，包括补偿和补救程序"。《奥胡斯公约》要求各缔约方确保做出决策时对公众参与的结果进行考虑，应该把决定文本同决定依据的理由等向公众公布。公约规定，任何人如果认为自己索取信息的请求被忽视或者被不当驳回，无论部分还是全部，或者没有被充分答复或者没有得到应有的处理时，都可以到法庭或其他依法设立的公正且独立的机构申请复审，以便对有关决定、作为或不作为的合法性提出质疑。最终裁决对持有信息的主管机构具有约束力，并且当公众认为自己的参与权受到侵犯时可以向司法机构提出主张。

各国政府都鼓励矿业公司从勘探、开发运营到闭坑的所有阶段注意以一种开诚布公的态度加强与所有利益相关者的沟通与合作，使所有的利益相关者有机会和能力参与到矿产资源开发中来。甚至有些国家通过法律规定强制要求矿业公司履行对公众的信息告知、提供参与机会等义务。虽然在早期开展公众参与会需要一些成本，但是从长期效益来看，矿业公司的公众参与实践是值得推广的有利可图的商业行为。随着可持续发展理念获得越来越多的认可和支持，政府和矿产行业努力寻求可持续发展的方法。大型矿业公司尤其是跨国矿业公司不再将公众参与视为增加公司成本的一项活动，而是从长期利益考虑将其视为有利于节约公司成本的活动。有些矿业公司从可持续发展的3个层面(即社会、环境和经济)来看待可持续发展概念。矿业公司通过承担社会责任来实施可持续发展，这里的社会不仅指社会事项，而且指社会目标，包括经济发展、对社会的贡献和环境保护(Minerals and Metals Sector of Natural Resources Canada，2003)。公司的社会责任指公司超越了法律的要求而自愿承担的社会和环境义务，公司将经济、社会和环境因素融入其所有活动中。公司通过颁布行为准则和可持续发展报告反映自己在减少对环境的不利影响并提高社会效益方面的决心。实践中，公司通过与政府和当地社区及团体合作来履行自己的社会责任。而社区在矿产开发中也越来越积极，利益相关者和社区要求直接参与决策，这意味着矿业公司需要倾听各方的声音。“这也许是可持续发展成为矿业中的时髦词语后短短几年里最大的一个转变，社区已经成为矿业公司的合伙人、主人和利益相关者。像Placer Dome这样的公司将社区放在了承诺事项的第二项，允诺‘在影响社区的决策中为他们提供有效参与，将平等地对待他们，尊重他们的文化、习俗和价值，在决策时将他们的需求、担心和渴望考虑在内’。”（MacDonald，2002）公众应当参与有关矿产资源开发管理的相关决策，包括从各种目标的确定到各种政策、方案、工程项目的全面审查，我们可以将之统称为“矿产资源的可持续性文化”（国土资源情报，2009）。

3.1　美国矿产开发中公众参与的实现机制研究

美国联邦环境法律法规涉及矿业活动的方方面面。其中主要的法律包括《国家环境政策法》《清洁水法》《清洁空气法》《露天采矿管理与复垦法》和《超级基金法》。公众参与被认为是美国于1969年制定的《国家环境政策法》的显著特点之一，其第101条（c）款规定：“国会认为，每个人都可以享受健康的环境，同时每个人也有责任参与环境改善与保护。”同时该法第一次规定了公众参与环境影响评价的内容，其第102条规定：“美国联邦政府所有机构的立法建议和其他重大联邦行动建议，在决策之前要进行环境影响评价，编制环境影响评价报告书，而且需要向公众公开，征求公众的意见。”环境质量委员会的规章规定项目审查后应该公开45天至90天，公民可以参与规划过程，并有机会得到环境评价文件；公民可以对项目发表评论和意见，政府需要对公民意见做出反应；公民还可以要求举行听证。该法彻底改变了联邦机构规范矿业活动的方式，要求造成环境影响的矿业活动必须在公众参与和充分披露的情况下进行审查。为了实现矿产资源开发中的公众参与，政府和矿业公司应该承担相应义务确保公众的信息获取权、决策参与权及获得救济权。美国1946年的《联邦行政程序法》规定：公众可以获取政府文件，但是该法同时规定因“公共利益”、有“正当理由”可以拒绝提供相关文件，而且该法没有规定救济制度。在社会各界要求行政公开的情况下，美国于1966年制定了《信息自由法》，该法的主要原则有行政信息公开原则，不公开是例外。除9项免除公开的情形外，所有政府文件一律公开；一切人都享有获得行政信息的权利；行政机关拒绝提供文件要说明理由，负有举证责任；行政机关拒绝提供文件时，申请人可以向法院提起行政诉讼，法院对事实和法律适用有重新审查的权力（刘杰，2005）。《信息自由法》的实施为公民赢得了可以从公共机构得到各类信息的权利。但是，根据《信息自由法》，申请者只能申请政府机关保存的现有材料和文件，政府机关没有义务为申请者收集它并不具有的信息，也没有义务为申请者研究或分析数据。在《紧急计划和社区知情权法》实施之前，公共机构不收集有关环境的信息。于是，1986年美国通过了关于环境信息公开的立法《紧急计划和社区知情权法》。这项法律要求工厂每年都要向公众披露其释放的化学气体量。根据此项法律，美国环境保护署（EPA）

编制了一套排放毒性化学品目录（TRI），工厂应根据此目录填写各种化学气体的排放量，并从1988年开始向公众公布这些数据。这项法律强化了公民在环境治理中的作用。美国《1977年露天采矿控制和复垦法》（Surface Mining Control and Reclamation Act of 1977）规定申请者申请采矿许可时需要将有关信息向公众公开，主管机构获取的有关矿山视察和监测的任何记录、报告、视察材料或信息都应该立即在矿区所在的县、市或州的中心地点向公众公开，以便矿区的居民能便捷地获得这些信息。

在决策参与权方面，为了应对矿业开发活动产生的社会、经济和环境影响，美国联邦及各州政策制定者、公民和地方官员利用协作式决策方式处理有关自然资源管理和矿产开发及其影响的监管问题。美国的环境法中规定准备最终环境影响报告的机构应该对公众的意见进行评估和考虑，并且应该通过一定的方式对公众意见进行回应。《1977年露天采矿控制和复垦法》要求矿业公司在拿到采矿许可前提交矿山复垦和作业计划。该法设立了公众参与矿产开发的框架，要求公众参与范围界定（即确定环境影响评价报告书的范围并对重要问题进行确认的公众参与程序）、评估、采矿监管举措的批准以及起草和批准复垦计划和闭坑计划（Richardson，2003）。

在司法救济方面，美国规定了公民诉讼。公民诉讼条款最早见于1970年的《清洁空气法修正案》。美国20世纪70年代以来的重要联邦环境法律中都通过公民诉讼条款，明文规定公民的诉讼资格。根据这些法律的规定，如果公民对美国政府的有关环境决议有异议，可以根据行政法规要求，追究政府官员的行政责任。如果州政府或者联邦政府违反了有关环境法，或者其他私人违反了环境法时，公民和非政府组织有权诉讼。在公民诉讼中，原告必须对政府或者有关被告发出预先通知，给政府自行处理争议问题的时间。如果公民或者非政府组织在诉讼中获胜，法院通常判决由被告承担案件的律师费用和诉讼费用。1972年联邦最高法院在“塞拉俱乐部诉莫顿”一案中指出“环保团体或其他团体在自己成员的环境利益受到实质上的损害时享有起诉权”（吴勇，2009）。《1977年露天采矿控制和复垦法》也规定了司法救济条款。《1986年紧急计划和社区知情权法》针对企业不遵守信息披露和报告的情况规定了“公民诉讼”条款。

在实践中，美国矿产行业很好地适应了环境法的要求，也认识到必须在保持健康环境的前提下开展行为。根据国际矿业协会的说法，矿产行业承诺将社会、环境和经济原则并入从勘探、开发、运营、闭坑及闭坑后活动的所有矿业活动中。《1977年露天采矿控制和复垦法》刚出台时矿产行业比较抵制，经历了多年反对该法实施的诉讼，到了20世纪80年代以后开始建设性地参与到环境事项中来。矿产行业与国家、州和其他地方政府的关系由对抗转向了合作。在勘探阶段，美国并没有强制性法律规定要求提前告知当地社区有关勘探的情况，但是政府会鼓励公司同当地社区沟通其意图。在环境影响评价阶段，法律要求有公众参与，环境影响评价文件的复印件应该向受影响的社区和其他感兴趣的利益相关者提供。而且环境影响评价程序中还包括听证会，有利益的各方可以在会议上提出自己的意见和问题，对环境影响报告的内容提出质疑。在矿山运营阶段，公司通常在年度报告中披露有关健康、安全和环境的信息，但是这种披露更多地强调环境因素，而对社区互动这样的问题重视不够。在该阶段，根据美国环境保护署的排放毒性化学品目录，每个矿山需要披露其向周围环境释放物质的数量。在实践中，矿业公司改变了原先采用的只与政府磋商的做法，开始启动与矿区周边社区、公众及其他利益相关者的磋商。经过这种磋商达成的协议一般都会超越法律的要求和标准，会较好地实现公众的参与权。

案例3.1：斯蒂尔沃特矿业公司（Stillwater Mining Company）在美国蒙大拿州斯蒂尔沃特县的熊牙山生产钯金。该地区同时也是农牧场主和鳟鱼渔夫等人群的定居地。在获悉该公司将扩大生产时，当地环保团体和社区团体一直试图通过传统的法律手段包括参与环境影响评价程序和公民诉讼等解决他们对该公司矿产作业的不满。但是，这些传统的救济手段没有带来任何效果，后来这些团体转而寻求一种新的手段即签订《好邻居协议》（*Good Neighbor Agreement*）。在该协议中社区直接与公司协商规范对社区造成明显影响的公司业务活动的原则和实践。在2000年5月，3个地方团体与公司签订了《好邻居协议》，这些协议为斯蒂尔沃特矿业公司施加了比蒙大拿州法和联邦法更严格的环境标准，同时还包括了关于公民获取信息、公众参与和公众监测矿业活动的条款（Environmental Law Institute，2004）。

3.2 加拿大矿产开发中公众参与的实现机制研究

加拿大的矿业管理部门分为联邦和省两级，两级之间是分工协作的关系，除了环境和矿山复垦等涉及社会公众利益或省间协调的问题外，这两级分别按各自的立法管理权限履行职责。作为联邦制国家，加拿大的13个省（区）在管理自然资源方面拥有很大的权力。矿产除了有一部分由联邦政府或原住民所有外，大部分由各省或地区所有，与勘探、开采等相关的法律主要由各省和地区制定和执行。一般，联邦法律设定的标准为全国必须遵守的最低标准，各省（区）的规定应该比联邦标准更严格。

加拿大1999年的《环境保护法》对公众参与环境保护规定得比较详细，在该法修改时拓展了公众参与的具体途径。根据该法，公众可以参与环境法律法规的制定，并使公众在具体环境行为中的参与制度化和具体化。该法的第2部分是专门关于公众参与内容的，其中规定，部长应该为公众建立环境登记处（the Environmental Registry）。该登记处包含部长公布的通知和其他文件，具体包括根据1999年的《环境保护法》发布的异议和批准通知，根据该法制定的所有政策、规章或命令的副本，部长提交给法院的有关任何环境保护诉讼的文件的副本等。另外，在第3部分有关信息的收集、目标、指南和行为准则中规定，部长设立全国性的目录，提供环境状况、监测数据等环境信息。公众因此可以较轻松地知晓环境状况并可以对与环境相关的法律文件进行草案提议到最终定稿公布的监督，法律也规定了利益相关者参与磋商的内容。加拿大的一些环境立法如《环境保护法》中规定加拿大公众可以请求对环境违法行为进行调查，如果企业的污染预防实践不达标，公众可以向有关联邦部门提出申诉。如果联邦部门在调查后没有采取适当行动，公众、个人可以对违法者提出环境公益诉讼，要求法院判令停止侵害，并可要求法院判赔适当诉讼费。而且，加拿大有专门保护举报人的法律规定，举报人的身份禁止披露，而且不得因举报人的举报行为解雇、骚扰或处罚举报人。安大略环境权利法案也允许公众提出对现行法律、规章和政策进行审查的请求，也可以请求对违反环境法律、规章和审批的行为进行调查。省政府应该在收到这些请求后的60日内做出回应，并每年向公众发布政府遵守相关规定的情况。根据1995年的《加拿大环境影响评价法》，加拿大环境影响评价分为四个级别：筛查（screening）、综合研究（comprehensive study）、仲裁（mediation）和小组审查（review panel）。在旧的《环境影响评价法》中，公众参与的水平取决于项目需要开展的环境评价的级别。在综合研究和小组审查级别的评价中，公众参与的程度高一些。公众能否对筛查级别的评价进行审查取决于主管机构的自由裁量。而在小组审查评价和某些综合研究评价的开始，公众有时可以通过书面评论或公开听证的方式参与设定项目拟议者环境影响报告的范围。在综合研究中政府不要求进行公开听证，但是如果环境部长认为综合研究不能满足要求可以要求项目方进行小组审查程序，其中要求对项目提议者准备的详细的环境影响报告举行公开听证。2003年生效的《加拿大环境影响评价法》修订版要求公众参与在环境影响评价中发挥更重要的作用。在筛查程序中，主管机构可以在程序的任何阶段为公众提供参与的机会。公众也可以在报告草案事项方面进行磋商。主管机构必须在加拿大环境评价登记处公告筛查程序的启动。环境部长也会发布标准以便主管机构确定在筛查程序中的公众参与是否得到了实施。主管机构要对其有关筛查报告中公众参与的决定做出解释。1995年的《环境影响评价法》只允许公众对综合研究报告进行审查和评论。修订后的法律在综合研究程序中提供了更实质性的公众参与。包括三个方面：在主管机构向环境部长做出某个项目是应该继续综合研究程序还是应该提交仲裁或小组审查的建议之前，新法要求为公众提供尽早参与的机会；在综合研究程序中要求有公众参与的机会；将1995年法律中仅适用于小组审查程序的环评署参与资助项目扩展适用于综合研究程序。环评署也制定了指导材料协助主管机构在综合研究程序中实施有效的公众参与。

在信息提供方面，2003年修订版要求设立环境评价登记处，包括环境评价署管理的一个网站和纸质文档两部分。网站上提供进行环境影响评价的所有项目的基本信息。纸质文档包括与每一个评价相关的所有的记录和文件，这些文档都向公众开放。在筛查和综合研究程序中，联邦环境评价协调员被要求向提出申请的公众提供登记处保存的文本的复印件。在仲裁和审查小组程序中，由环境评价署提供相应的服务。当开始进行某个项目的环境影响评价前，有关主管机构要在登记处的网站上将环境影响评价启动的事项妥为公布。通知内容应该包括项目名称、地点、项目情况的简单描述、项目提议人以及直接有关的联邦机构。其他相关信息包括通告、后续项目的决定和信息等随着评价程序的推进也会在网站上进行披露。

具体到矿山开发方面，加拿大在矿区建立的战略环境影响评价也非常重视公众参与。在对潜在环境影响进行分析时要关注最易受到影响的公众及其他相关利益人，而且公众参与是对政策、计划或规划提案开发的全面参与，涵盖该提案所包含的正在进行的所有公众活动（程雨燕，2008）。在公众参与的效力方面，加拿大主管部门在决定是否批准一个矿业项目时会将公众的意见考虑进去。加拿大法律要求矿业公司在环境和社会影响评价程序中通过正式或非正式程序系统地处理矿产开发对当地公众的影响。在加拿大北部，当地社区参与矿业开发运营的决策已经成为常态。安大略省通过了修订版的《矿业法案》，主要以“原住民磋商”的方式，关注原住民的利益，以缓解与调和原住民与矿业企业之间的利益冲突。根据新修订的《矿业法案》第78、86、139、140、141等条款的规定，矿业公司应就申请勘查许可、采矿租约以及与地表权租约、闭坑计划以及矿山环境恢复计划等不同阶段的方案向原住民磋商，征求其意见，负责相关审批的官员要对原住民的意见予以充分考虑。作为公众参与的基础，矿业活动信息的获取在加拿大的相关法律中也有特别规定。总的来讲，所有为了环境评价而提交给政府的有关拟议或在产矿山的信息都应该向公众开放。而有关项目许可和污染物排放的信息在联邦和各省需要通过信息获取请求（Access to Information request）来取得。如果一个矿产企业每年生产、加工或以其他方式使用《国家污染物排放清单》中列举的物质超过100吨（含100吨）以上且雇佣10人（含10人）以上人员，则该企业必须报告其排放或转移清单中物质的情况。该清单是根据《加拿大环境保护法》设立的，需要向公众开放。直接与矿业开采有关的污染物排放不受该清单约束，不需要报告，但是与矿产冶炼和加工相关的信息需要报告。除了《国家污染物排放清单》中的数据，与特定项目相关的最全面的公开信息由项目提议人编纂，在主管机构备案的《环境影响报告》也免费向公众开放。公众也可以在网上从《联邦环境评价指标》（该指标是所有联邦环境评价的总清单）中获取环境评价和相关文件的信息。加拿大的《信息索取法》（Access to Information Act）赋予加拿大人、在加拿大境内的个人和公司申请和获取联邦政府记录的权利。有关污染物排放的重要信息例如根据《联邦金属矿山废液排放条例》（MMLER）提交的检测报告有时只能通过信息自由请求而获取。信息请求可能且经常被政府部门拒绝。当请求被拒绝时，申请人可以请求信息专员（information commissioner）调查拒绝的原因。信息专员对政府部门和申请人进行调查并寻求调解双方的纠纷。如果投诉人对结果不满意，无论信息专员是否支持投诉人的主张都可以向加拿大联邦法院申请对政府部门的决定进行调查。在有些情况下，信息专员可能会自己决定将案件提交给加拿大联邦法院进行审理。各州的信息立法与联邦的类似，不过很多州的信息和隐私专员通常为立法议会的官员，在认定政府部门拒绝发布记录的行为违法时，他们有权命令政府部门发布记录（Canadian Institute for Environmental Law and Policy，2000）。

加拿大政府出台了一系列倡议、信息产品和工具来协助和确保公众及原住民社区在矿产资源开发中进行更有意义的参与，其中包括：1994年的《怀特霍斯矿业计划领导委员会协议》（Mining Association of Canada，1994）指出原住民有权享有充分参与所有阶段矿业开发活动的机会，原住民参与到勘探、矿业开发和复垦等决策中的权利应该得到保障。另外，该文件还提出了下列目标：扩大政府、矿产行业、雇员及其代表、原住民、环境社团、当地社区在影响公共利益的决策程序中参与的机会；确保利益相关者获得必要的信息和资源使他们能够参与；通过确保利益相关者的观点得到公平的倾听和考虑提高公众对决策程序的信任。同时，1994年的《怀特霍斯矿业计划环境问题小组报告》（Mining Association of Canada，1994）指出，当时矿业开发项目的环境影响评价程序中冲突比较大的问题是公众参与问题。因为通常潜在的参与者没有被给予足够的通知为有效的参与进行准备，而且也没有足够的资金为参与进行的准备活动和实际的参与活动进行资助。因此提出有必要对涉及特别利益相关者、社区和普通公众的参与规则进行明晰。该文件给出的具体建议包括：项目提议人应该尽早地详细计划公众参与机制和程序以减少环境评价中出现过度延误。在涉及公众利益时，矿业公司应该尽早在项目的可行性评估阶段设立各方利益相关者组成的公共联络委员会以确保所有与环境问题相关的决策以一种公开、及时、客观和细致的方式做出。在矿山运营期间，委员会应该对相关信息进行审查。该文件也指出，矿山运营活动对环境影响的减缓通过政府、行业和其他利益相关者之间的合作会得到最好的实现。1996年加拿大自然资源部公布的《加拿大联邦政府的矿物与金属管理政策——通过合作伙伴关系，促进可持续发展》包括的六个主要目标之一就是鼓励原住民参与有关矿物和金属方面的各种活动。其中指出，原住民提供的信息，包括传统知识和经验，可能有助于矿业活动的规划和评估。联邦政府认为，应当鼓励矿业部门和原住民社区在矿业开发方面进行合作。政府间采矿工业工作组所属的原住民参与采矿事务委员会就是鼓励这种合作的一种机制（加拿大自然资源部，1996）。2003年加拿大自然资源部矿物与金属司公布的《可持续发展的社会层面与矿产行业》中指出，随着交流的增加和社区越来越积极主动，社区公众越来越要求直接参与到决策和对他们社区影响的处理中。利益相关者和社区在矿业开发中的参与正演变为他们在决策中的参与。对于矿业公司来讲，这意味着所有的声音都应该有机会被倾听，而且应该针对每个社区设计适当的参与方法。这些方法可能包括社区内部设立的磋商机构或推选代表加入决策机构（Natural Resources Canada，2003）。

2006年，加拿大勘探开发者协会（PDAC）、加拿大矿业协会（Mining Association of Canada）和加拿大原住民矿物协会（Canadian Aboriginal Minerals Association）共同发表的《原住民社区矿业信息工具包》对原住民社区参与矿产勘探、开发、闭坑等程序进行了详细的介绍和说明。在2008年的能源和矿业部长会议上，部长们承认公众的看法对矿产行业的竞争力有重大影响。主要会影响行业获得社会许可证以及聘任日益稀缺的人力资源的能力。社会许可证工作组的报告《如何获得社会许可证：相关行业经验》中强调不同行业的利益相关者帮助相关行业应对名誉挑战并获得社会许可证的途径：①启动一系列的绩效改进：包括更有效的政府规范和行业自愿倡议；科学技术投资；风险和收益的更公平的分配；社区参与决策的能力培养。②将这些改进以一种可靠的方式和公众沟通并澄清误解。③在互惠的基础上建立良好的关系。确立关系的努力包括创设多方利益相关者的平台集体地解决问题；改进的工作参与和磋商机制；促进社区和公司之间沟通的倡议（Natural Resources Canada，2010）。

实践中，在矿业项目的环境影响评价程序中，加拿大公众根据法律的规定可以获得参与的机会，加拿大环境评估署作为公众参与的组织者，为公众提供有关拟议矿业项目的背景材料；安排清楚合理的评议时间表；制定有关评议原则（如哪些信息需要共享、如何共享，如何使参与者不同的价值观、利益、知识得到认可与尊重，评议过程中及过程外获得的信息如何处理等）；确保决策时考虑评议结果并将结果及时反馈给参与者；在特定情况下，以参与基金的形式承担应邀参与公共磋商者的交通和食宿费用，为公众参与的顺利进行提供组织保障。起初，人们对环境评价的法律期望很高，但是慢慢地，公众尤其是原住民发现这些环境评价程序没有涉及地方所关注的矿产开发收益的问题，尽管社区的问题和关注在环境评价决策程序中会得到倾听，尽管他们被称为利益相关者，但是社区和原住民不能影响决策结果。参与环境评价甚至参与自然资源管理并不能完全满足社区对收益的关注和期望。环境评价只考虑直接与环境有关的社会影响，对社区关注的雇佣和培训项目在环境评价程序中不会涉及，而且主管部门也没有权力把这些社会福利条件作为批准项目的依据。社区公众由于经验、技能、信息和资金支持等方面的限制不能从矿产开发活动中受益，这样社区与矿业公司之间就很容易产生矛盾和冲突。在加拿大的实践中，减少矿业项目不利影响并确保当地受益的一个方式就是签订《影响和利益协议》（Impact and Benefit Agreement）。

《影响和利益协议》是矿产开发提议人与当地社区或原住民代表团体之间关于未来拟议项目的协议。这些协议确立矿业公司和当地社区之间的正式关系，其主要目的是处理矿业活动对当地社区及其环境造成的不利影响，确保社区居民获得矿产资源开发的收益。其中影响指矿业项目可能会产生的不利环境影响或其他社会影响。利益指矿产开发活动为当地公众提供的培训、就业和商业机会。一般这种协议由矿业公司与当地社区或原住民团体直接磋商。主管政府部门有时会作为当事方参加该种协议的签订。例如，加拿大矿业监管机构的批准可能会要求政府机构、第一原住民种族部落和矿业项目建议人签订《影响监测协议》，该协议可以用来验证环境评价的准确性和减缓措施的有效性。通常，原住民社区会根据这些协议积极参与监测活动（PDAC，Mining Association of Canada，Canadian Aboriginal Minerals Association，2006）。

案例3.2：迪亚维克钻石矿业公司（Diavik Diomond Mines Inc.）管理和运营着加拿大西北地区耶洛奈夫（Yellowknife）东北部300千米的迪亚维克金刚石矿山。公司期望能够在叫作金伯利岩管的三处金刚石矿体（三处都位于Lac de Gras湖的水域之下）开采16到22年。该矿山计划于2003年开始生产，在矿山建设之前，公司与矿山周围的社区针对矿山开发的规划进行了广泛的磋商。刚开始，公司是在对项目的环境、社会和经济影响进行综合研究（Comprehensive Study）程序中与公众开展磋商。后来，公司在与公众进行广泛磋商之后，签订了一个《环境协议》和一个《社会经济监测协议》，并与每个受项目影响的社区分别签订了一个《参与协议》。《环境协议》设定了公司以磋商与合作的方式处理项目的环境管理。《社会经济监测协议》将公司的社会经济承诺和建议正式确定下来。而《参与协议》强化了公司与社区之间的关系，使公司在社区能力培养、长期独立性和经济可持续性等方面的承诺正式化。在《环境协议》中，各方设立了顾问委员会对项目的环境管理进行监督、设计和实施科学知识和传统知识研究，并对原住民社区成员参与培训和监测项目的情况提出建议。公司和西北地区政府为该委员会提供资金支持。《社会经济协议》创设了一个社区咨询委员会，由受影响社区代表、公司代表和政府代表组成。该委员会定期开会帮助公司在周围社区实现其社会和经济承诺。每个《参与协议》要求创设联合实施委员会界定实现与项目相关的就业和商业发展目标中涉及的责任、任务和期限（Environmental Law Institute，2004）。

早期的《影响和利益协议》更多地关注就业方面，最近这种协议的一个新趋势就是其范围有所扩展，从就业和培训事项扩展到公平参与、利润分享和现金补偿的直接支付等（John Donihee，Alastair R. Lucas，2005）。

案例3.3：加拿大铀矿公司（Cameco）许多年来一直与北方居民进行有关其运营事项的磋商。这些磋商有正式的加拿大铀矿公司和其他政府资助的委员会形式，也有场址参观、社区拜访和一般公众信息会议等非正式形式。例如该公司设立了阿萨巴斯卡（Athabasca）工作组、环境质量委员会、社区活力监测伙伴关系程序等组织进行社区磋商。其中阿萨巴斯卡（Athabasca）工作组设立于1993年，由阿萨巴斯卡盆地七个社区的代表组成，他们与加拿大铀矿公司（Cameco）和AREVA 资源公司进行协商。协商的最终结果是于1999年签署了一份全面的影响管理协议。该协议包括三个主要的部分：环境保护；就业、培训和商业发展机会；利益分享机制。阿萨巴斯卡工作组在促进北部居民和矿产行业间的对话与合作方面非常成功。从2000年以来，该工作组管理着一个以社区为基础的环境监测项目。该项目由加拿大铀矿公司（Cameco）和AREVA 资源公司资助，在项目中，社区代表采集空气、水、沉积物和动物组织的样本，并监督独立顾问的化验过程。化验结果会反馈给社区。除此以外，加拿大铀矿公司（Cameco）于1995年在萨斯喀彻温省北部设立了环境质量委员会作为社区、政府和铀矿公司之间的桥梁。环境质量委员会了解有关矿业作业的信息并向社区进行传达，同时他们也把社区的关注事项向公司和政府传达。该委员会的成员由社区任命。Cameco定期拜访北部社区，提供最新的铀矿活动信息并倾听当地人们的问题和意见。省政府部门和联邦政府部门的代表也可以参与这些拜访活动。2016 年Cameco公司与阿萨巴斯卡盆地社区在1999年协议的基础上重新签订合作协议，新协议涉及五个方面：劳动力发展、商业发展、社区参与、环境管理和社区投资。Cameco公司为社区提供资金和支持，为提升社区居民各方面福利和环境安全等与社区进行紧密的合作（Cameco，2016）。

3.3 澳大利亚矿产开发中公众参与的实现机制研究

澳大利亚矿业由联邦政府和州/领地政府两级政府管理。联邦政府负责实施与《公司法》和《原住民土地权法》有关的矿产资源事务管理，负责海岸线三海里外矿产资源的勘探和开发许可证的审批以及负责采矿对环境的影响评价审批等。州/领地政府负责对属地内（包括距海岸线三海里以内海域）矿产资源的勘探、开发和环境保护的日常管理，以及与勘探、开发有关的基础设施建设、环境影响评价等的审批和监管。澳大利亚与陆上固体矿产开发利用有关的法律包括《采矿法》《原住民土地权法》《环境保护法》等。海上矿产和能源的勘探和开发，也有专门法律。每个州/领地也有相应的法律。

澳大利亚《采矿法》规定了矿产资源的三种权限：所有权、勘探（包括初步勘探和详细勘探）权和开采权。在澳大利亚申请矿产勘探许可，需要在政府公报或当地报纸上发布信息。除新南威尔士和昆士兰外，其他五个州/领地在批准发放勘探许可证前还要听取公众意见。在澳大利亚（塔斯马尼亚州除外）申请采矿许可证都要求公布采矿申请，并在政府公报或当地报纸上发布，还需要通知公众、土地所有者或土地使用者。澳大利亚1996年制定的《澳大利亚矿山环境管理规范》要求矿山企业必须遵循的原则之一就是密切与社区的关系。在各州的矿业法中也有公众参与的相关条款。澳大利亚1982年《信息自由法》中规定公众有获得由行政机关拥有的文件的权利，文件涵盖任何信息的记录和任何储存或记录信息的物件。数据也属于可获取的文件范畴。在澳大利亚矿业企业获准从事矿业活动必须拿到社会许可证，该证被认为是采矿许可证的一个核心构成部分（Fiona Solomon，Evie Katz，Roy Lovel，2008）。并且政府矿业主管部门对矿山企业的环境治理情况进行检查时也会听取当地居民的意见。在澳大利亚，所有单位和个人都有权对排污者的违法行为提起诉讼，不管其利益是否受到直接损害，对于社团组织提起的诉讼，法院会在诉讼费用方面给予一定的照顾，减少这些组织败诉的法律风险，使它们更有信心进行公益诉讼。

澳大利亚政府部门和矿产行业出台了很多文件指导公众参与矿产开发。如1995年的《环境管理体系》指出，最佳实践模式就是将环境问题和社区关注的问题融入矿业开发的全过程即从勘探到建设、运营及最终的闭坑等所有阶段中，阐释了社区磋商的重要性并明确所有的社区磋商计划应该包括的内容：公众联络负责人的设立、定期提供公司运营、废物排放及对环境和人类健康的影响、环境政策和体系、公司环境绩效等信息、为社区及公众提供实地参观的机会以及对社区关注问题、投诉和质询的及时回复。例如其中一个具体的建议是在矿业项目的整个周期中，公众联络负责人应该保存一份登记册其中列明公众关注的问题、公众投诉和质询内容。每一项内容都应该安排一个答复日期并对所采取行动进行简单描述。该负责人可以自己处理这些问题也可以委派他人处理相关问题，但是他自己一定要负责确认答复或反应措施是适当的和及时的（Environment Protection Agency，1995）。《社区磋商与参与》（Environment Protection Agency，1995）中指出，矿产资源勘探者和开发者环境管理的最佳实践包括社区参与，通过告知社区的人们关于拟议项目所有方面以及倾听他们关注的问题、他们的需求和建议等来实现。公司与社区的沟通事项应尽可能地广泛。公司应界定所有可能引起关注的问题。社区的参与应该在项目生命周期的早期开始——理想的是在勘探开始前启动——并在矿山生命周期的所有阶段：评估、建设、运营和运营后阶段持续进行。另外，该单元还列出了社区磋商中常用的方法，包括：安排访问类似的矿山、态度调查、设置联络点、直接邮寄、展览、邀请代表评论、社区联络委员会、媒体招待会、公共会议、与利益相关者讨论、社区演示项目等。

2002年澳大利亚联邦环境部（Environment Australia）发表了矿业环境管理最佳实践系列，包括20多个小册子，对从矿山规划、运营到闭坑整个周期中的环境管理问题进行了说明，澳大利亚政府设计该系列的目的在于提高人们对可持续发展理念在矿产行业中适用的认识，为使矿业活动对环境造成的影响降低到可接受的程度提供管理和作业方法的实际建议（Environment Australia，2002）。其中的一个小册子专门涉及社区磋商与参与，其中对社区磋商的准备工作进行了细致的介绍并描述了社区磋商的技巧。该单元建议公司尽早启动磋商程序，清楚表明公司将社会、经济和环境事项融入项目中，能够与公众进行坦诚的讨论和交流，关注社区利益和关注事项的变化并及时进行直接磋商，采用灵活的磋商方式并在矿山周期中适时地对项目设计进行更改。

2005年矿产和石油资源部长理事会（Ministerial Council on Mineral and Petroleum Resources）出台了《社区和利益相关者参与的原则》。2006年澳大利亚工业、旅游业及资源部（Department of Industry，Tourism and Resources）在矿产业可持续发展最优方法计划系列中多次强调公众参与的重要性，如在《土地复垦与植被恢复》中指出社区意见在决定土地最终用途方面至关重要。在《粉尘、噪音和爆破管理》（Particulate，Noise and Blast Management）中提到对噪音等的管理要进行审计和监测，其中审计程序中，公司应该进行社区磋商环节以确保高质量目标的实现。在《生物多样性管理》中提到矿产行业提高生物多样性管理的途径中包括：确保社区积极参与影响到他们的包括生物多样性管理的讨论中；通过积极的沟通和对计划及结果强有力的外部审查树立可信性。尤其是《社区参与和发展》对社区参与进行了具体详细的规定。

澳大利亚矿产行业在提高矿业对环境产生的直接和间接影响的管理方面一直很坚定。1996年澳大利亚矿业协会代表矿产行业推出了《澳大利亚矿产行业环境管理规范》，这是矿产行业处理其环境绩效和公共责任的一个重要步骤。1999年该规范经过修订形成了2000年修订版的《澳大利亚矿产行业环境管理规范》。该规范的第二个原则为加强与社区的关系——通过下列措施让社区参与到我们运营的环境绩效中：促进对员工和社区的开放和对话；尊重文化和传统价值，促进跨文化意识和理解；就我们活动造成的环境后果与社区进行磋商；预见并回应社区关注的问题、期望以及关于我们活动的价值（Minerals Council of Australia，2000）。

《澳大利亚矿产行业环境管理规范》于2005年1月为《持久价值——澳大利亚的矿业可持续发展框架》所取代。通过其在《持久价值》中明确表达的可持续发展承诺，澳大利亚矿产行业坚决实施与其他利益相关者有效和透明的参与、沟通以及经独立审核的报告安排。例如其实施指南指出：确保所有的利益相关者通过公开透明的方式得到界定；对利益相关者进行分析以界定权利，并在项目存续期间定期进行审查；利用透明和磋商式的沟通方法使核心利益相关者进行参与并对提出的问题进行反馈；利用适当的机制在透明、确定的时间段倾听和回应利益相关者的反馈；保存一个投诉和意见册。提供开放透明的投诉机制。发布关于投诉及其解决结果的报告。在信息公开方面，该文件要求制定年度可持续发展报告并向公众开放；利用适当的验证程序使公众信任报告中所包含的信息；系统地界定利益相关者的信息需求，确保提供的相关信息，并且利用利益相关者关于报告的结构、形式、时间段和认证的反馈意见持续提高报告程序（Minerals Council of Australia，2005）。

历史上，澳大利亚矿业公司与当地或偏远社区只有很少的磋商，政府对矿产行业进行规范时也很少有直接的公众参与。过去十几年来，当地社区的人们对矿业项目的批准和运营的影响日益增强，因为政府将像环境和发展等关键领域的决策权分散，在这些事项中越来越多的公众参与成为鲜明的特点。根据澳大利亚的相关规定，矿业项目申请人申请探矿权时通常必须在当地报纸登广告表明自己的意图，联系土地所有人和占有人、当地政府和其他对该区域有利益的各方，尤其是原住民社区。现在矿业公司开始承认当地公众在矿业开发中的知情权和参与决策权，这就是社会许可证的含义。矿山作业的“社会许可证”是矿产行业与其运营所在社区之间的不成文的社会合同，其超越了基本的法律要求，为了实现可持续社区的目标去形成并维持一种建设性的关系。在实践中，公众可参与到正式的环境许可程序中，并且当地社区对在该地区的矿业开发活动建议的批准与否有着巨大的影响（Helen Cheney et al.，2002）。与此相适应，矿业公司逐渐改变了与社区互动的方式。大多数大型公司已经公开承诺与受矿业活动影响的社区和其他利益相关者在事关共同利益的问题上进行磋商。在地方层次上，一系列正式和非正式的磋商程序建立起来，越来越多的矿产作业开始采纳社区关系计划和社区关系项目，社区关系已经日益作为重要的战略考虑来对待。有些矿业公司投入大量的资源制定和实施社区磋商的管理体系。这些体系的组成包括使用社会经济基准研究、社会影响评价、规划程序等，对既定标准和目标进行定期审查和审计，以及高度重视信息管理，而且这些程序及组成部分的应用贯穿于矿山开发的整个生命周期。澳大利亚Wesfarmers Premier Coal是西澳大利亚最大的煤炭生产者，该企业在Collie镇经营着一个大型的露天煤矿。Collie镇居住着9000人，Premier Coal是当地经济的重要贡献者，为300多人提供就业并支持着很多地方产业和以社区为基础的活动。在社区关系方面，矿山将有关矿业活动存在的问题及取得的成果刊登在其按季印发的出版物

《Premier Post》中在社区里广为散发。矿山也组织矿山参观活动，参观者有学校团体、高等院校和国际代表团等。矿山还举办社区开放日，具体活动包括矿区和工场参观以及游览Kepwari湖等。利益相关者磋商小组（Stakeholder Consultation Group）提供了一个很好的社区联系平台，增强了社区意识和参与。该小组提供对年报的评估，尤其是信息可及性的范围、清晰度、设计及方便性，同时对社区关于在建和计划作业存在的担忧提供反馈意见（Turlough F. Guerin，2009）。同时，矿业公司越来越强调将公众参与融入从勘探到闭坑的整个矿山项目周期中的业务规划中。矿山企业在废水处理、矿山闭坑和矿山土地复垦等方面非常重视与当地社区的互相联系，还有的企业会邀请社区代表参与到其内部的环境管理环节（Catherine Driussi et al.，2006）。

3.4 南非矿产开发中公众参与的实现机制研究

在南非，环境权已被宪法规定为公民的一项基本人权，界定了公众在三级政府（即中央、省级和地方）活动中的作用。1998年《国家环境管理法》中最好地体现了公众参与的原则：必须推动感兴趣的和受影响的各方在环境治理中的参与；所有人都应该有机会增强实现平等有效参与必需的理解力、技术和能力，尤其是脆弱和处境不利的人们。妇女和未成年人也必须参与。在矿业领域，1992年制定的《为勘探和采矿环境管理规划报告准备的备忘录》（Aide Memoire for the Preparation of EMPRs for Prospecting and Mining）中规定应界定感兴趣的和受影响的各方之代表而且项目对感兴趣的和受影响各方的影响应该在规划报告中进行描述。1998年10月发布的《南非矿产资源政策白皮书》中特别要求要加强公众参与，直接受矿业活动影响的社区应该在矿业项目的规划阶段就能参与到该项目的环境影响评价调查中，并且该社区应参与讨论所有与矿业开发活动有关的问题并参与决策程序。政策白皮书进而要求设立一个论坛以便倾听受矿业活动影响的社区的意见（A Minerals and Mining Policy for South Africa，1998）。该白皮书还要求矿业公司符合地方发展目标以及其矿业活动发生地的整体发展规划，矿业公司应该在其作业中通过考虑地方社区的需求来促进社会参与。2000年生效的第992 号规章要求每年提交EMPR绩效评估报告以便追踪矿业企业对其在该报告中承诺的履行情况。2002年10月的《矿产与石油资源开发法案》在2004年5月生效，代替了1991年的矿业法。该法案在包括勘探、新项目提议、扩张和闭坑等矿业的所有方面要求利益相关者的参与。法案的第26条和第38条规定探矿权和采矿权的申请中必须包括磋商的细节和结果。第64条列举了环境管理和环境损害救济规制的原则，包括决策必须将所有感兴趣和受影响各方的利益、需求和价值考虑进去。

公民的信息获取权也在《宪法》中进行了明确的规定。南非《宪法》第32条第1款规定："每个人有权获得：国家拥有的任何信息；为另外人持有并为行使或保护任何权利所必需的任何信息。"南非1998年《国家环境管理法》规定，信息的获取必须依法得到保障。2000年的《信息公开促进法》承认在信息为行使和保护任何权利必需的情况下，任何人都有获取该信息的宪法性权利，无论这些信息由国家持有还是由其他的某个人持有。该法的目的是在公共和私人机构中培育一种透明和责任感并推动这样一种社会的形成，在这个社会中人们都能获得行使和保护自己权利所需的信息。南非的《信息公开促进法》代表了南非历史上的一个里程碑，它第一次寻求在南非培育一种透明性和责任性的文化。该法也承认了为了使南非民众参与到影响他们生活的决策中，对他们进行权利意识教育的必要性。南非的信息公开法不仅允许获取公共机构持有的信息，而且允许获取私人机构持有的信息（Access to information guide，2005）。

关于决策权，南非的《国家环境管理法》规定，决策必须考虑所有感兴趣和受影响各方的利益、需求和价值包括传统知识的认可；社区福利和自主权必须通过环境教育、提高环境意识和分享知识与经验及其他适当方式得到提升；决策必须以公开透明的方式进行。南非《信息公开促进法》的目标包括：通过授权和教育公众使其理解他们的法定权利在所有的公私机构中实现有效治理；对公共机构所做的决策进行审查并参与决策，尤其是当该决策影响到他们的权利时。

在司法救济的规定方面，《国家环境管理法》规定，公众能够针对环境侵权提起自诉。为了确保公民的信息知情权，南非《信息公开促进法》第四编还规定了对特定公共机构信息官员所做出的决定有权提起内部申诉；可以对信息官员的决定、公共机构有关负责人的决定和私人机构负责人的决定向法院起诉。

在南非，早期许多矿业公司人员和他们的环境顾问形成了一种思维倾向，即：既然《为勘探和采矿环境管理规划报告准备的备忘录》并没有特别规定参与，那只需要做最少的努力就可以满足法律的字面要求了。这通常导致公众参与程序中的不信任和敌意以及造成决策之前利益相关者问题没有与技术评估结合起来。而公众的观点已经超越了矿业法当前的范围，这一点可以从最高法院在The Director：Mineral Development（Gauteng Region）and Another Versus Save the Vaal Environment and Others的判决中得到印证。在该案中，拯救瓦尔环境（Save the Vaal Environment）抗议矿产和能源部在没有经过充分的利益相关者磋商就给萨索尔矿业公司（Sasol Mining Ltd）发采矿许可证的做法。最高上诉法院特别重申企业尊重社区参与作用的法律和道德义务。该案例和其他类似案例确立了在人们对某行为感兴趣或受该行为影响的所有情况下的公众参与判例，尽管相关法律可能没有规定公众参与。

过去，地方政府同跨国公司签协议的方式使地方社区得到的利益很少。可持续发展的推动确保通过地方社区的参与和适当的治理结构使矿业收益得到更好的分享。《南非矿产资源政策白皮书》和《矿产与石油资源开发法案》都规定了在矿产开发的全过程中保证公众参与的实现，并且要求矿业公司将矿业项目的环境、社会和经济影响进行评估并提出相应的减缓措施，但是这些规定中涉及的检测和评估义务由矿业公司自己来承担，因此这种评估的充分性值得商榷。而且尽管有建议提出由政府、劳工组织和矿产行业三方组成法定的委员会来做出主要的决策，但是其他像社区组织和非政府组织等利益团体的观点却被考虑得较少。不过，在南非民间社团在环境保护和矿业问题方面越来越活跃。许多环境非政府组织像环境正义网络论坛（Environmental Justice Network Forum）、环境检测组（Environmental Monitoring Group）、非洲地球生命（Earthlife Africa）等现在都有专门针对矿业问题的工作人员和项目，一些社区组织像Mafefe环境委员会（Mafefe Environmental Committee）和Tikologo发展组织（Tikologo Development Organization）等也在矿业问题中比较活跃（Thabo Madihlala，2002）。

案例3.4：Clewer 是南非普玛兰加省（Mpumalanga）威特班克市（Witbank）的一个小社区，从1994年该社区遭受到附近一个露天煤矿采矿活动带来的严重的环境问题。该煤矿离社区最近的距离不超过30米，但是该矿获批时没有进行社区磋商。当煤矿开始作业时，社区居民的生活环境极度恶化，居民们组织了一个Clewer Concerned Residents团体将问题提请矿主和政府部门注意，当几次尝试未果后，居民们提起了法律诉讼，矿山管理者和居民代表及其律师召开了一次会议但没有任何具体计划来改变矿山的作业活动。而这时环境进一步恶化，有些居民的房屋墙体开裂，屋顶掉落，地下水也被污染了，柏油街道也变成了土路，更糟糕的是，社区欠了帮助他们的律师很多钱已无力支付诉讼费。在斗争了两年半之后，社区求助于环境正义网络论坛，该论坛给省里的环境事务部写了一封紧急信件请求其干预。该部很快回应，派了环境官员进行调查并启动了一系列的包括水务部门、林业部门、矿产和能源部门、Clewer社区居民以及矿山管理者在内的多方利益相关者参加的会议。同时该论坛与社区一起展开媒体攻势、进行游行活动等。经过几个月的协商和无数次的会议，公司最后同意对造成的大部分损失承担责任（Thabo Madihlala，2002）。

南非矿产领域中公众参与的状况虽然发展比较缓慢（Thabo Madihlala，2002），但是总的趋势是更加民主，更加公开，而且越来越多地考虑到弱势群体的利益。

3.5 本章小结

本章对美国、加拿大、澳大利亚和南非矿产开发中公众参与的机制进行分析后发现，这四个国家的共同点之一在于有关矿产开发中公众参与的法律规定都比较完善，对公众参与的三大支柱即知情权、决策权和救济权都有比较细致的规定。同时，四个国家的相关法律规定也各有自己的特点，以知情权为例，美国专门对矿产开发中的信息披露进行了相关规定，加拿大对公众的知情权不能满足时可采取的救济措施规定较细致，南非公众不仅可以请求获得公共机构持有的信息而且可以请求获得私人机构持有的信息。

本章还对美国、加拿大、澳大利亚和南非矿产开发中公众参与的实际情况进行介绍。从这几个国家的情况来看，美国、加拿大和澳大利亚的矿业公司都会超越法律的规定采取一些具体措施促进矿产开发中公众参与的实现，而南非矿产开发中公众参与的进展比较缓慢。

4 矿产开发中公众参与实现程度评价指标体系的构建

4.1 矿产开发中公众参与实现的影响要素

实现有效的公众参与，各利益相关者之间的配合与协作是不可或缺的重要因素，不同利益方应该充分发挥自己应有的功能。同时，公众参与矿产开发不同阶段的决策和管理应该有不同的侧重点，需要进行科学的设计和严格的实施。需要特别注意的一点是，为了实现有效的公众参与，参与能力的培养和信息的获取应该引起足够的重视，因为这两个方面直接关系到公众参与最终的质量与成败。最后，为了使公众能够分享矿产收益，适当的财税制度必不可少。

4.1.1 政府的规范和协调功能

首先，政府有关公众参与的制度应该明确、全面。政府制度指政府规定鼓励公众参与矿产开发以及鼓励矿业公司推行公众参与的激励制度。举例来讲，在公众参与矿山环境管理方面，政府的制度设计中应该包括对矿业公司违反环境法律行为的惩罚制度，以及为公众提供环境宣传教育的制度。例如在相关法律中将公众参与的权利，参与的效力进行明确的界定。通过观察美国、加拿大、澳大利亚和南非的实践，公众参与规定是公众参与有效实施的一个重要条件，为了实现公众参与矿产开发，矿业大国都对公众的信息获取权、参与决策权和司法救济权进行了规定，但是在实践中，有时因为一些具体的细节规定得不清楚可能会导致公众参与不顺畅，引发公众与矿业公司之间的冲突。而且参与效力不明确也可能导致公众对矿业公司和政府产生不信任感。在“矿业、矿产和可持续发展（MMSD）”项目中，Helen Cheney等（2002）选取了澳大利亚维多利亚州的三个案例进行有关矿业公司与社区关系的研究后发现，虽然在维多利亚矿业项目的环境评价程序中政府启动了磋商程序允许社区公众参与进来，但是对于公众参与的性质、公众分享决策权力的程度不是很明确，导致矿业公司和社区公众产生冲突和对立。而且在环境评价程序中公众的意见虽然在磋商过程中得到了倾听，但是在最后的报告中没有任何体现，也即公众参与的效力不强，也使公众认为这种程序仅仅只是一个形式，政府部门是倾向于矿业公司的，并不会认真对待公众的意见，从而对政府部门不再信任，将政府部门进行的公众参与程序视为“走过场”。Léa-Marie Bowes-Lyon等学者对加拿大纳尼西维科（Nanisivik）和北极星（Polaris）

矿山进行的社会和经济影响研究也表明，公众参与效力的确定至关重要。在纳尼西维科（Nanisivik）和北极星（Polaris）矿山开始生产的时候，社区对于矿业项目的批准程序没有任何控制权。他们唯一的参与机会就是通过矿业公司和政府组织的社区磋商。在这些磋商中居民们提出的建议在公司和政府的矿山开发决策中却很少被考虑进去。社区居民被排除在决策权以外，公司和政府也没有采取行动使矿业公司和社区关系所能产生的利益最大化。因此，最终导致的结果就是这两个矿山为周边社区创造的福利在矿山闭坑后不能持久，虽然该两个矿山对社区创造了一些短期的福利，但总的来讲，对社区的可持续发展所做的贡献不大（Léa-Marie Bowes-Lyon，Jeremy P. Richards，and Tara M. McGee，2009）。

其次，在政府的具体行为方面，应该将促进公众参与作为自己的工作目标体现在方方面面。如果法律中有公众参与的要求，政府可以通过严格执行相关的要求促进公众参与的实现。如果法律中还没有具体规定公众参与事项，政府部门也可以采取措施督促公众参与的实现。加拿大迪亚维克金刚石矿业公司（Diavik Diomond Mines Inc.）在对迪亚维克金刚石矿山规划时，加拿大环境部长和矿业主管部门要求公司与当地社区签订有关环境、社会经济以及公众参与的相关协议作为获得审批的前提条件，从而使公众参与原则得到了充分的贯彻实施。政府部门也可以设置一些机构促进公众参与，例如美国的政府部门通过其既有的咨询委员会机制促进公众的参与，其中露天采矿办公室（Office of Surface Mining）设立了一个咨询委员会，包括来自办公室组成团体的代表以及煤矿区的印第安人和公众等他们可以直接和办公室主任联系，提出和解决他们的问题（Christopher H. Foreman JR，1998）。

公众因其本身的社会背景、教育背景、权利意识和环境意识等的不同而具有不同的环境期望和参与动机，如希望获得政府奖励或希望健康受益或提高生活质量等，在这种期望的激励下会促使公众产生参与矿产开发的意识，进而从事参与矿产开发的行为。因此，为了提高矿产开发中公众参与的意识，在矿产开发的规划和决策中真正地实现公众参与，政府应该对公众和矿业公司进行参与能力培养，为了使公众实现有效参与，必须在法律、财政和专家指导等各方面为公众提供资源和支持。例如，在加拿大、美国和澳大利亚，政府会为社区磋商能力的培训和培养提供一定的资金支持。

4.1.2 政府相关部门和矿业协会等机构的服务和指导功能

政府主管部门和矿业协会制定的指南越详细，公众的环境和参与期望越清晰，越有利于激起公众参与矿产开发的意识，以及从事参与矿产开发决策和管理的行为。加拿大和澳大利亚矿产开发中公众参与实施得好，很重要的一个方面就在于加拿大和澳大利亚的矿业主管部门、环境主管部门和矿业协会制定了详细的指南和其他指导性文件。

加拿大政府一直以来同加拿大矿业协会合作为加拿大矿业公司提供环境管理的指南。1989年发布并于1995年和1996年修订的环境政策和《环境管理框架》为矿业环境管理体系的实施提供了必需的指导。加拿大环境评价署的职责之一就是鼓励公众参与环境保护。具体操作方面，加拿大环境评价署在其官方网站上设有加拿大环境评价登记处，公众可登陆该网页了解其所处地区的项目信息，如果对参与该项目评价感兴趣就可以登记参与申请，负责项目环境影响评价的联邦机构会决定是否批准该申请。加拿大的环境评价分审查、综合研究、仲裁和小组审查四种形式，环境评价署要求矿业项目提议者对于参与综合研究、仲裁和小组审查的公众进行资助，一般公众在申请参与环境评价时可同时向环境评价署申请资助。资助数额根据项目规模而异。加拿大印地安与北区事务部（Indian and Northern Affairs Canada）为第一原住民部族（First Nations）和因纽特人提供资金支持使他们能够参与到与矿业公司的各种类型的磋商中（PDAC，Mining Association of Canada，Canadian Aboriginal Minerals Association，2006）。

案例4.1：维克多（Victor）金刚石项目由戴比尔斯（Debeers）运营，位于安大略省北部詹姆斯湾地区（James Bay region）阿塔瓦皮斯基特（Attawapiskat）附近。根据《加拿大环境评价法》，该项目的整体需要进行全面的联邦环境影响评价程序。同时，针对项目的特定方面需要进行三个省级的环境评价。联邦环评将包括项目的所有方面并历时两年来完成。维克多项目的环评包括广泛的公众磋商。在该案例中，这有利于该地区的第一原住民部族社区。加拿大自然资源部是环境评价的牵头机构，它同加拿大环评署密切合作。在该项目涉及的八个联邦部门机构和三个省级各厅都努力尽早地将第一原住民部族社区参与进所有的环评程序中。磋商的基本前提是第一原住民部族具有理解项目和环评的工具。最重要的是，磋商是第一原住民部族表达他们关注事项的一个途径。在指导环评的指南完成之前就开始磋商，第一原住民部族会对什么问题被包括在环境评价中产生影响。磋商在环评程序的每一个步骤中都会持续。联邦和省级政府官员会去受影响的五个社区传达信息，更重要的是倾听公众的呼声。为了应对磋商初期人们表达的担心，戴比尔斯对项目的某些构成部分考虑了替代方案（例如，利用柴油发电）。公司还提交了一个修订版的提议，该提议排除了一些影响，这样就减缓了第一原住民部族曾经表达的一些担忧。该程序不仅包含了融入社区意见的机会而且包含了将传统生态知识包含进来的机会。传统生态知识以及科学知识的应用帮助公司在环境保护和减缓影响方面做出明智的决定。该程序使政府对每个社区的特定担忧有更好的理解，并在决定可能的影响及减缓措施时将这些社区参与进来。而且磋商会在政府和第一原住民部族社区之间建立信任和联系，这些对该项目的后续发展起着关键的基础作用（Natural Resources Canada，2008）。

加拿大政府还出台了一系列倡议、信息产品和工具来协助和确保公众及原住民社区在矿产资源开发中进行更有意义的参与，例如：1994年的《怀特霍斯矿业计划领导委员会协议》、1994年的《怀特霍斯矿业计划环境问题小组报告》、1996年加拿大自然资源部公布的《加拿大联邦政府的矿物与金属管理政策——通过合作伙伴关系，促进可持续发展》、2003年加拿大自然资源部矿物与金属司公布的《可持续发展的社会层面与矿产行业》和2006年加拿大勘探开发者协会（PDAC）、加拿大矿业协会（Mining Association of Canada）和加拿大原住民矿物协会（Canadian Aboriginal Minerals Association）共同发表的《原住民社区矿业信息工具包》等都对矿产开发中的公众参与问题进行了详细的指导和说明。

澳大利亚政府部门和矿产行业在指导公众参与矿产开发中都做了积极的努力。澳大利亚环境保护署（Environment Protection Agency）和澳大利亚联邦环境部（Environment Australia）分别于1995年和2002年发表了矿业环境管理最佳实践系列，对当时澳大利亚矿产行业的环境管理最佳实践通过案例进行了说明和解释，目的在于帮助矿产行业的所有领域遵循生态可持续发展的原则保护环境并减少矿业活动对环境的影响。其中很多内容中都将公众参与作为重要部分进行了梳理。2005年矿产和石油资源部长理事会（Ministerial Council on Mineral and Petroleum Resources）的《社区和利益相关者参与的原则》和2006年澳大利亚工业、旅游业及资源部（Department of Industry，Tourism and Resources）在矿产业可持续发展最优方法计划系列中多次强调公众参与的重要性。1996年澳大利亚矿业协会推出的《澳大利亚矿产行业环境管理规范》是矿产行业处理其环境绩效和公共责任的一个重要步骤，其中对公众参与也进行了细致的指导。

政府或行业协会在对公众参与进行指导时应尽量考虑到细节问题，这些部门工作做得越细，对于矿业公司和公众来讲就越容易理解这些指导的内容，并能够在实践中将这些指导的精神贯彻下来。如澳大利亚矿业协会在2000年的《矿产行业环境管理规范实施情况调查》中就对社区参与公司环境管理的内容及信息披露的要求列出了特别细致的评分标准。

表 4.1　与社区沟通情况评分标准

分数	标准
0	组织还没有确定员工和社区的环境和社会问题也未确定可提供的沟通渠道
1	与员工和社区沟通的非正式沟通程序已存在，但是正式的程序还在策划和编制中
2	正式的沟通程序已界定，同社区的对话已经启动，正式的投诉管理体系正在开发
3	组织积极地与员工和社区公开地讨论关键环境问题和社会关注事项的管理
4	组织可以表明员工和社区的环境关注事项已经在商业决策中进行了考虑并积极地进行说明和论证
5	当地社区认为组织在环境和社会事项方面对社区是一个重要的成员和贡献者

表 4.2　对社区回应度的评分标准

分数	标准
0	没有程序或行动以预见并回应社区关注的问题、期望及价值
1	组织以一种非正式的和临时安排的方式界定并回应社区关注的问题
2	组织正在开发正式的和有组织的体系以有效地确定、预见和回应社区关注的问题、期望和价值
3	预见并回应社区关注的问题、期望及价值的正式和有组织的体系已经存在，社区的关键利益相关者被定期咨询，回应被进行有效评估
4	界定了关键的社区成员并对其进行咨询，所有合理的关注事项和期望得到有效的考量，并且存在正式的行动计划
5	运营的每个相关阶段都有积极的社区磋商程序以实现所有关注事项的有效和合作管理

表 4.3　信息提供情况的评分标准

分数	标准
0	与组织活动和环境绩效有关的信息没有向管理者、社区和利益相关者传达
1	向管理者提供公开的环境报告信息，公开报告的范围、内容和发布在组织中通过有限的社区磋商进行了确定
2	准备并发布了公开的环境报告，可以说明向管理者提供信息的定期报告。接受对报告的反馈但是未能对该反馈进行了系统的处理
3	组织积极地寻求、利用和处理对报告内容的反馈
4	组织可以表明利益相关者和利益团体代表的反馈来自报告并且这些意见被有效地融入报告中
5	公开的环境报告经过了外部审计

表 4.4　外部参与环境绩效监测、评审和认证的评分标准

分数	标准
0	相关社区还未界定，在组织环境绩效的监控、审查和认证中没有外部参与介入
1	组织已经界定并记载了准备参与环境绩效的监控、审查和认证的社区
2	已经开发了界定、选拔社区关键成员并使其积极参与到环境绩效的监控、审查和认证活动的程序
3	实施了使所有被认可的社区理解环境绩效的监控、审查和认证活动并积极参与其中的程序
4	组织可以表明社区的反馈和意见得到了审核并导致环境绩效的改进
5	组织可以表明社区参与使该组织在环境绩效方面表现优秀并成为领先者

表 4.5　审查和评估交流有效性的评分标准

分数	标准
0	组织没有考虑任何审查和评估与利益相关者和利益团体交流有效性的程序
1	非正式的沟通程序存在，但不能表明其是有效的或显示其改进了沟通
2	通过管理承诺，评估外部沟通有效性的正式程序正在开发
3	评估和记录外部沟通有效性的正式程序已经存在
4	组织审查和回应外部反馈以改进外部沟通战略的有效性
5	组织可以表明利益相关者已经认可了该组织的沟通战略

注：表4.1至表4.5参见《矿产行业环境管理规范实施情况调查》(Australian Mining Association，2000)。

4.1.3　非政府组织的支持作用

非政府组织尤其是环保非政府组织可以凝聚公众力量，有自己独特的优势，可以在公众参与程序中发挥积极和重要的作用。联合国《21世纪议程》第27章指出："非政府组织在公民参与决策的民主制度发展和实现过程中起着至关重要的作用。……社会、各国政府和国际机构应当建立机制，使非政府组织能够在无害环境而可持续的发展过程中负责任而有效地发挥合作者的作用。……为了加强非政府组织作为社会合作者的作用，联合国系统和各国政府应同非政府组织协商，审查正式的程序和机制，以便非政府组织参与从政策制定和决策到执行的各级工作。"在矿产开发的公众参与方面，非政府组织可以通过开展基准调研并与社区及公众对调研结果进行讨论来帮助社区及公众确定自己的需求，同时这些组

织可以帮助培养社区及公众参与磋商的能力。例如，1997年Co-Development Canada与尼加拉瓜、秘鲁、哥斯达黎加、玻利维亚和厄瓜多尔等国的非政府组织一起合作开发了美洲的矿业活动社区决策模式。该模式旨在为拉丁美洲的社区提高可靠的信息来源以影响该地区公司的矿产作业实践，并为社区决策及参与协商程序提供一系列指南。这种模式的三大支柱是建设可持续社区、建立关系和达成协议。其中，建设可持续社区包括同社区组织一起确定地方优先事项、改变将人们排除在经济决策之外的态度和实践以及培养能力使矿业开发为社区目标服务等三项内容。建立关系的具体内容包括：加强矿山社区、政府和公司之间的相互教育程序、确定矿业开发所有阶段中磋商程序的时间、加快不同文化间的交流和信息分享机制以及设定反思、协调、执行、评估和后续行动的时间。而达成协议的要求是改变将社区与矿业公司分隔的权力关系并确保协商程序是开放的、公平的并且互相了解对方的优先事项、利益和需求（Ginger Gibson，2001b）。后来，Co-Development Canada将该模式运用于实践培养矿山社区领导参与矿业活动决策以及与矿业公司谈判的能力，对矿业公司员工进行能力培养，使他们更全面地了解社区。

非政府组织也可以为社区及公众参与提供技术、资金等方面的支持，例如与斯蒂尔沃特矿业公司磋商《好邻居协议》的地方组织：北部平原资源理事会（Northern Plains Resource Council）、斯蒂尔沃特保护协会（Stillwater Protective Association）和杨木资源理事会（Cottonwood Resource Council）。这些组织具有丰富的经验、广泛的教育背景和获取矿业信息的途径。斯蒂尔沃特保护协会和杨木资源理事会作为北部平原资源理事会的成员可以获得后者多年来积累的法律、技术和辩护技能等方面的支持。在磋商中，这些组织也获得了外部专家提供的法律和技术支持以及强化的磋商技能培训（Environmental Law Institute，2004）。非政府组织还可以在监测矿业项目的环境、社会和经济影响等方面发挥重要的作用，并可通过包括诉讼在内的形式捍卫公众的参与权。

案例4.2：2006年6月，Ecojustice（加拿大的非营利性环境律师事务所）以MiningWatch的名义提起诉讼，要求联邦法院撤销联邦政府的筛查评价（screening-level assessment）。这个案件是关于在不列颠哥伦比亚省的红克里斯（Red Chris）矿的拟议矿山项目。这个露天开采的矿山项目由加拿大帝国金属公司（Imperial Metals）提议，位于Sacred Headwaters的地区，该地区是不列颠哥伦比亚省北部三个最大的盛产鲑鱼的河流——斯蒂金、纳斯和斯基纳河（the Stikine，Nass and Skeena Rivers）的发源地。如果矿山被允许建设，将会威胁到野生生物，破坏三条产鲑鱼的溪流，因为公司将会对这些溪流筑坝拦截然后利用这些天然水体倾倒有毒矿山废物。最令人震惊的是，该矿山项目将摧毁未开发的黑湖，将其变为堆放有毒矿山废物的尾矿蓄水区（tailings impoundment area）。《加拿大环境评价法》要求全部拟议项目都必须进行环境评价，而且对于日处理3000吨矿石的冶金矿山必须经过包括公众参与的综合评价（comprehensive assessments）。而红可里斯（Red Chris）矿山将日处理30000吨矿石。加拿大政府拒绝对该项目及其环境影响按照法律的规定进行综合研究

（comprehensive study）。尽管该矿山会造成严重的环境影响，加拿大渔业、海洋和自然资源部将他们的评价限于矿山提议的一部分，而将实际的矿山和工厂排除在其环境评审范围之外。在2006年5月批准该项目前仅仅进行了简单的筛查评价（screening-level assessment），该评价排除了公众参与。2007年9月，联邦法院认定联邦政府非法地规避了红可里斯（Red Chris）矿山项目的综合审查义务。但是，2008年，帝国金属公司（Imperial Metals）和联邦政府向联邦法院上诉并胜诉。2008年12月18日，加拿大最高法院裁决允许MiningWatch向最高院上诉，这是首次环境组织被允许向最高院上诉，因此该案件具有里程碑意义。加拿大最高法院于2010年1月21日判定加拿大政府违反了国家旨在确保可持续发展的环境法。法院的判决确认了环境决策中公众参与的重要性，保证了公众在包括大型冶金矿山项目在内的重大工业项目的开发中参与协商的权利。

此外，非政府组织在提高公众的权利意识和参与意识方面以及在促使国家更好地管理矿业收益方面也发挥着不可或缺的重要作用。例如，阿卡萨（Akassa）社区发展项目是由非政府组织Pro Natura International 在挪威国家石油（Statoil）和英国石油（BP）的资助下在尼日尔河三角洲地区开展的一项社区发展项目。在该项目中非政府组织做了很多工作帮助社区提高参与能力并帮助社区参与矿业财富管理（Kwabena Mate，2002）。

4.1.4 矿业公司的有效执行功能

矿业公司对待公众参与的态度有一个逐渐转变的过程，在公众参与刚刚被提出时，大多数矿业公司将这种参与视为一种负担和成本。随着时间的流逝，矿业公司如今将公众参与和社区发展融入其政策中，认为这些是经营中必不可少的一部分。很多公司在其政策中都包括了开展公众参与的承诺和具体政策。

案例4.3：Virginia Mines是一个在魁北克北部活跃了15年多的矿业勘探公司。从其发展之初，公司就开始与第一原住民部族（First Nations）社区建立持续的沟通使他们了解公司的勘探活动。Virginia Mines的哲学是在项目的规划和实施中使当地社区参与进来。例如，当某个区域被规划来进行相关勘探活动后，公司会与部落首领、经济发展官员和猎人等提前联系。公司会将工作的性质和目的、日程、涉及的区域以及宿营地点等通知给他们以听取他们的意见并应对他们可能出现的担忧。之后公司会与社区保持密切的联系并向他们汇报项目进程和结果（Natural Resources Canada，2008）。

实践中，有些矿业公司甚至超越了法律的要求自愿地开展广泛的公众参与活动。有的公司之所以这样做是为了避免后续程序的拖延。例如迪亚维克钻石矿业公司（Diavik Diomond Mines Inc.）在规划迪亚维克钻石矿山时，按照法律要求需要进行综合研究程序，但其中并没有强制要求其开展公开听证活动，但是公司自愿地与周围社区公众进行了广泛的磋商，进行公开听证并签订了一系列协议。这样，环境部长就不会再要求公司进行小组审查程序了，在该程序中法律要求需要进行公开听证。公司的这种做法为公司减少了不必要的延误。还有的公司自愿与社区磋商是为了树立自己的良好形象。例如，斯蒂尔沃特矿业公司在蒙大拿州斯蒂尔沃特县的熊牙山进行采矿活动，法律并不要求公司与周边社区签订《好邻居协议》，最后公司愿意签订这样的协议。一方面，公司希望树立自己具有社会责任感的形象，因为该公司属于上市公司，其投资者包括社会责任共同基金，公司为了吸引投资者有必要维护自己的良好形象。另外，公司正面临当地社区组织对其提起诉讼的风险，公司也希望通过签订协议使这些组织撤销这些诉讼（Environmental Law Institute，2004）。

在具体的操作层面上，为了鼓励公众参与矿产开发，公司应采用多种多样的沟通方法与公众交流，并且应该派专人负责处理公众参与事项。因为公众的教育水平参差不齐，对于公司提供的资料，有些公众可能看不懂。或者对于公司采用的一些交流方式，有些公众接触不到。所有这些具体的情况，公司都应该考虑周全，为了使尽可能广泛的利益相关者参与矿产开发的规划和决策，公司就有必要采用多种形式的沟通方式进行信息的发布和反馈意见的回收。

案例4.4：必和必拓公司在20世纪80年代中期在奥古斯塔发现了Beenup钛矿矿床后便在西澳大利亚的西南部进行了广泛的社区磋商。公司开展的项目包括：组成以当地为基础的社区磋商小组；给当地居民直接邮寄信件；澳大利亚联邦科学及工业研究组织进行态度调查；在当地报纸进行定期信息发布并刊登广告；定期更新的购物中心展览；现场信息开放日；对当地社区团体的演讲和接待有特别关注事项的联络小组。必和必拓写信给当地社区和政府组织邀请他们加入磋商小组。这些信件表明必和必拓希望在项目的规划阶段为当地社区提供发表意见的机会。磋商小组在环境部长签发环境影响报告书指南的四个月前开了第一次会。在规划阶段每个月开一次会并促使项目的很多方面进行了修正。公司对社区的很多建议印象深刻，并指出这样的程序要实现有效性，重要的一点是处理实质性问题而且公司必须倾听公众提出的建议，即使采纳这些建议并不总是可行的或经济的。

矿业公司在信息的公开和与社区的沟通过程中应尽量开诚布公，不经意的一次不坦诚的行为就可能会让公众对公司产生不信任感。例如，在MMSD项目组在维多利亚进行调研时就有社区居民指出来，因为公司在开采出金矿后没有对他们说实话而是告诉他们说还需要进一步钻探，几天后当居民们从报纸的头版读到这个消息时都非常恼火。矿业公司与社区公众之间的关系因此也跌入谷底（Helen Cheney，Roy Lovel，Fiona Solomon，2002）。公司对社区的关注应积极回应，使社区公众感到自己受到了尊重，这样有助于后续关系的良好发展。

图4.1总结了参与矿产开发决策和管理的各利益相关者之间的关系，除了上述矿产开发中所涉及的各相关利益者在公众参与中发挥重要的作用，一些特别的程序和制度设计对于公众成功参与矿产开发决策和管理也是不可或缺的。

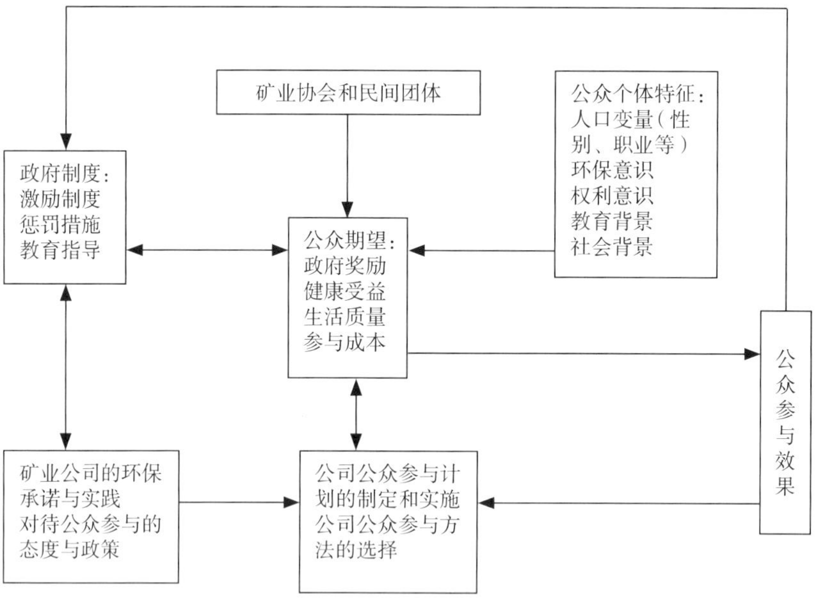

图4.1　参与矿产开发决策和管理的各利益相关者之间的关系

4.1.5　全生命周期的计划、实施与监测

公众参与工作不是简单的发放调查问卷、开开座谈会的小事，这项工作需要具有专业知识和素质的人通过科学的设计和管理，采用灵活的工作方法去完成。对于矿业公司来讲，如果想在矿产开发的全过程实现有效的公众参与，必须进行充分细致的准备工作。根据联合国亚太经社理事会的《公共参与规划》、世界银行国际金融公司的《通过有效的公共磋商和披露更好地做生意》、南非矿业协会的《矿业利益相关者的公众参与指南》以及澳大利亚矿业环境管理最佳实践将公众参与的准备工作总结为图4.2。

无论是在矿床勘探阶段、矿山建设阶段、矿山生产运营阶段还是矿山闭坑和土地复垦阶段进行公众参与活动都需要进行细致的准备工作，矿业公司要增强公众参与首要的第一步是制定一个公众参与计划。公众参与计划应该至少包含以下内容：公众参与的目标；利益相关者的界定以及他们所关注事项的记录；为了实现既定目标设定磋商和披露议程，其中应明确磋商将采用的方法和披露将使用的材料；投诉机制的规划以及改进和审查公众参与的方法等（IFC，2007）。也就是说，矿业公司应该确定公众参与的目标，而且这个目标应该是明白具体和实际可行的。矿业公司还应该界定利益相关者的范围并确定沟通战略，利益相关者是由具有不同利益的人群组成的，公司应该考虑所有利益相关者并将他们都包含到参与过程中。同时公司应该在明了社区信息需求的前提下制定公司的信息披露政策。公众需要有关参与程序和项目的信息，公司应该将决策程序的相关信息以及尽可能多的项目信息包括项目的地理位置、运营期限、可能造成的环境问题和公司的处理措施等告知给公众尤其是当地社区的公众。这些信息应该尽可能完整、易理解和易获取。在具体操作中

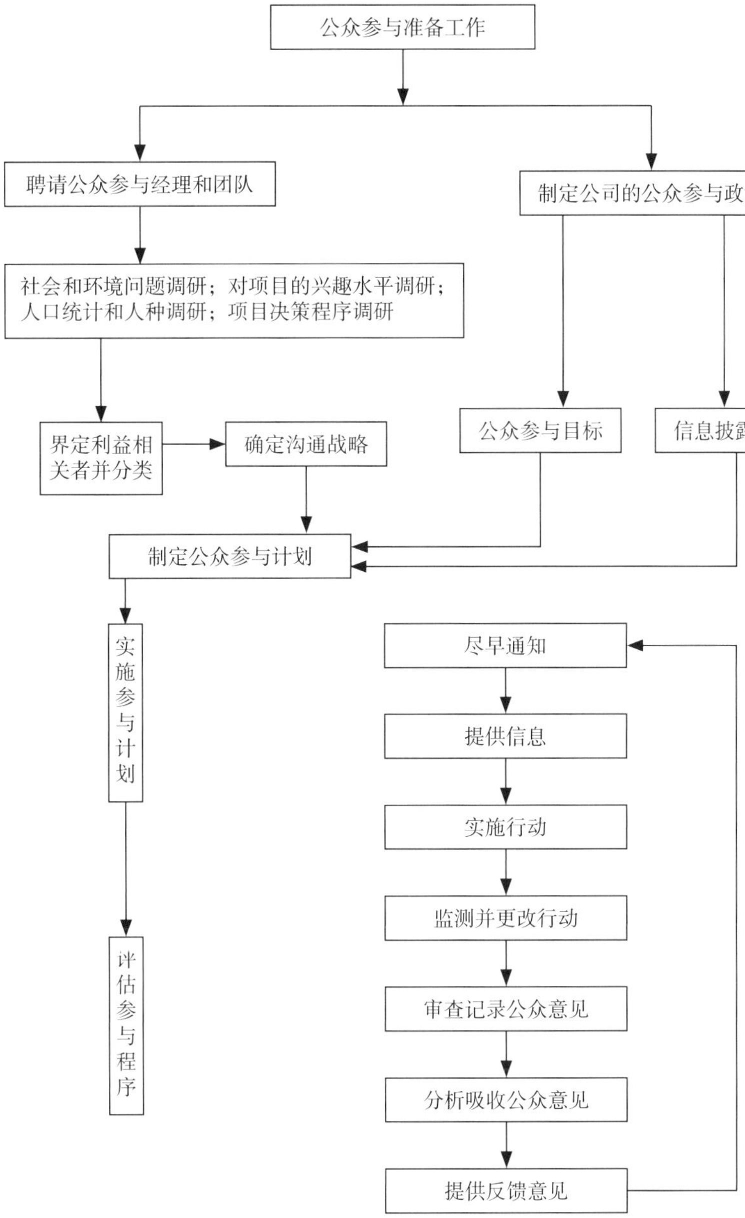

图4.2 矿产开发中公众参与计划的准备与实施

还要注意随时对公众进行反馈，告知他们决策中将如何考虑他们的观点以及为什么考虑他们的观点，而且公司应该采取一些具体的措施如通过公众意见表、调查等检验公众参与的有效性。公众参与需要充分的时间和资金，但是长期来看花费在公众参与方面的资源对公司声誉来说是一项值得的长期投资。因此，公司在其计划中应该给公众参与留有充足的时间，而且负责公众参与项目的人员应该具有社区磋商技巧或经验，同时熟悉项目和矿产行业（Environment Protection Agency，1995）。这些方面与Commonground在《公众参与程序设计指南》中提到的矿产开发领域公众参与程序设计需要考虑的因素基本上是一致的，如图4.3所示。

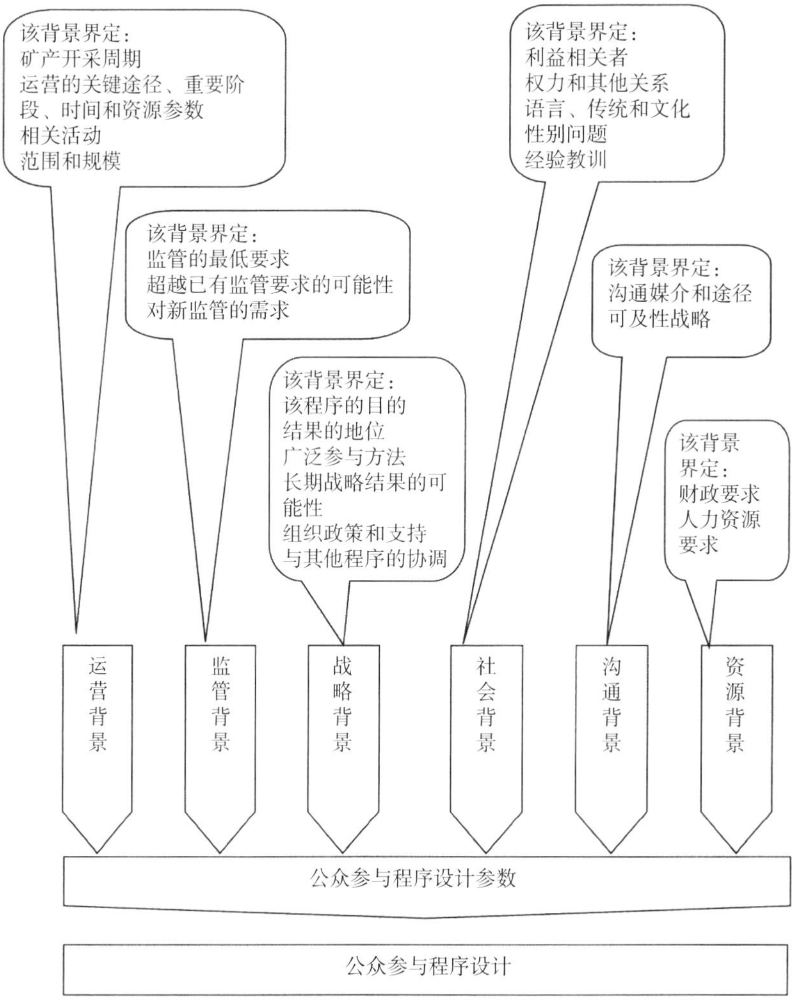

图4.3　公众参与程序设计

（据Common Ground，2003）

运营背景要求公众参与程序的设计应该与矿产开发活动所处的阶段相适应，根据每一个正在考虑的矿业开发阶段的具体情况设计该阶段中公众参与的程序。监管背景是要考虑是否存在规范公众参与程序的法律规章，这些法律规章是否设定了最低、最高或建议性的行为标准。理想的做法是按照法律的要求进行公众参与的实践，而且矿业公司如果能超越法律的最低要求开展公众参与则效果更好。有时有的国家国内法中没有公众参与的法律要求，公司也可以按照国际最佳实践的要求来设计和实施公众参与程序。战略背景要求在公众参与程序设计中明确参与程序的目的和参与结果的地位，而且该程序的设计应该以与公众和受影响社区形成可持续关系为长期战略目标。社会背景要求公众参与程序的设计保证所有的利益相关者有效地参与，获得公平的参与机会，同时考虑当地的语言、文化和传统以及性别平等事项。沟通背景要求公众参与程序的设计中包括一个沟通战略，旨在及时地提供相关信息，并且这些信息能够到达相关各方促进他们的参与。资源背景要求公众参与程序的设计应该考虑现有资源情况，并利用现有财力和人力资源尽量实现高质量的公众参与。

总的来说，矿产开发中公众参与的有效性取决于矿产开发全过程中公众获取相关信息的多少，参与矿产开发决策和诉诸法律权利实现的综合反映。只有当矿业公司开诚布公地与公众进行沟通，为公众提供他们感兴趣的信息并及时地对社区及利益相关者的需求和担忧做出反应，公众才会逐渐对矿业公司产生信任。而这种信任会帮助矿业公司更容易获得运营许可证（在澳大利亚等实施社会许可证制度的国家中更是如此）并使矿山运营更加顺利。因此，在矿业项目的整个周期中都重视公众参与，保持与利益相关者和社区的联系是很关键的事项。而且，为了增强公众参与的有效性，在矿产开发中公众参与的计划设计和具体实施方面应考虑到的因素包括但不限于以下几个方面：公众参与制度确定、公众参与对象广泛、公众参与时间贯穿全程、公众参与形式及内容有针对性、公众参与效力确定和信息公开程度高等。公众参与制度确定指的是在矿产开发中将公众参与的内容明确规定为必经程序，公众参与的实施程序和技术规范统一化有利于公众参与的具体实施。公众参与对象广泛主要在于利益相关者的素质、环境意识、参与意识及对矿产开发中具体事项的了解等会直接影响到公众参与的有效性，因此在公众参与对象的选择方面应尽量广泛、有代表性，尽量使参与的利益相关者能较全面地表达受影响公众的真实意愿。由于参与的利益相关者具有不同的背景和各异的个体特征，因此在公众参与的形式和内容设计方面应该将这种多样性考虑进来，参与形式尽量多样化和公开化，内容设计尽量简明易懂。如果公众参与对决策结果有影响力并且公众能够了解到自己提出的意见被采纳、提出的问题得到重视或者意见虽然未被采纳，问题虽然没有解决但是相关方面积极主动地告知公众不能采纳或问题不能解决的原因所在，那么公众的参与热情无疑会极大地提高，这也将增强公众参与的有效性。矿产开发中相关信息及时充分地公开对于公众实现有效参与起着基础性的重要作用，因此矿产开发中信息公开的程度也会影响到公众参与的有效性。公众参与应该贯穿矿产开发的全过程，在矿产开发的每个阶段公众参与的具体事项可能会有所不同，但是公众参与一定应该贯穿于矿产开发的全过程，从矿床勘探阶段、矿山建设阶段、矿山生产运营阶段到矿山闭坑和土地复垦阶段的整个生命周期中都需要征求公众的意见。

4.1.5.1 矿床勘探阶段中的公众参与

勘探阶段是一个具有挑战性的阶段。因为项目进入可行性研究阶段进而进入到生产阶段的概率较低，而且将来进行采矿作业的公司有可能不是之前进行勘探的公司，因此，在勘探阶段公司开展环境与社会战略和政策的比较少。另外企业与当地社区之间在该阶段的利益有着先天的矛盾与不调和。即：当地社区希望全面披露所有信息和建立长期的关系而勘探队则希望对得到的数据进行保密并且如果发现进行下去没什么前途的话准备随时走人（能源行业管理援助项目、世界银行和国际采矿与金属协会，2005）。

人们通常需要了解矿业的基本常识才能理解相关问题并提出合适的问题。因此公司应该提供关于矿产行业、公司和项目本身的信息确保有效参与。在第一个勘探队进入一个地区时，或者在可能的情况下，可以在更早的阶段就启动磋商程序。这种程序应该将所有的利益相关者包括进来，应该以当地熟悉和适应的方式进行，并且应该在考虑当地的资源后设置实际可行的时间表。当地社区及公众应该有机会接触到公司负责社区事务的工作人员，这些人员的议程和工作方法应该根据具体情况进行随时调整。加拿大的《原住民社区矿业信息工具包》（PDAC，Mining Association of Canada，Canadian Aboriginal Minerals Association，2006）指出，无论勘探规模是大是小，对社区来讲在该阶段与相关公司进行坦诚的对话是至关重要的。加拿大政府鼓励勘探者和勘探公司在进入相关土地之前与原住民社区成员进行沟通。勘探者和勘探公司也发现尽早与社区成员进行讨论对双方都有益处。早期的社区参与可以使双方有互相学习的机会。矿业公司可以向社区介绍矿业项目的相关情况，而社区成员也可以提出自己的问题和担心。同时，社区成员对当地比较熟悉，他们尤其是一些老者可以向公司提出扎营的地点，避免一些有危险的处所。根据勘探项目的规模和位置，社区也可以通过许可委员会或机构进行参与，因为这些机构可能希望知道地方对颁发许可证所产生影响的意见及他们关注的问题。

4.1.5.2 矿山建设阶段中的公众参与

矿山建设阶段的可行性研究和设计规划中的公众参与非常重要。有些大型项目中，可能会在可行性研究之前的阶段进行包括公众参与的初步环境评价以便界定潜在的致命缺陷，与公众参与程序结合得更充分的环境评价应该在可行性研究阶段进行。不过，有一点我们还是要反复强调，在项目周期中环境评价程序和公众参与启动得越早越好，而且没有必要把公众参与仅仅局限于环境评价程序，尽管目前来讲，环境评价中的公众参与更多一些。矿山建设的可行性研究阶段对企业来说是很重要的阶段，它需要与社区建立关系，清楚地了解社区的社会、环境和发展要求，最优先的事项等（能源行业管理援助项目、世界银行和国际采矿与金属协会，2005）。矿业项目的环境影响评价中公众参与的特别目的是为利益相关者提供足够多的信息帮助他们提出适当的建议；确认他们的问题被记录下来；帮助他们界定适当的替代方案；帮助他们为环境影响评价提供相关信息等。

政府作为决策者需要确定环境评价和公众参与的方向和框架：告知开发者和民间社团有关公众参与的要求；制定环境评价中公众参与政策，其中列明政府的要求和法律规定；政府应该为参加公众参与程序的所有利益相关者提供清楚的指导，规定最低要求；作为决策者，政府部门应核实开发者提议的公众参与程序是否符合法律和政策要求，是否为利益相关者的参与做出了充分和适当的规定。这样的核实行动应该在环评程序启动之前进行而不是在环评结束之后再进行(Commonground，2005)。

2003年的《加拿大环境评价法》中对环境影响的界定反映了影响评价范围的扩展。该法规定涉及一个项目的环境影响指：①项目可能对环境产生的任何变化等；②对健康和社会经济条件、物质和文化遗产、原住民为了传统目的对土地和资源的使用现状或对具有历史、考古学、古生物学或建筑意义的任何建筑物、场所或物品产生任何变化的影响；③由于环境可能对项目产生的任何变化。这样的规定说明在对项目进行影响评价时，不仅要考虑项目对自然环境产生的影响，而且项目对人类的健康、项目的社会经济影响也应考虑在内。因此，当今很多国家要求矿业项目的可行性研究不仅应进行环境影响评价而且应进行社会影响评价和文化影响评价。文化影响评价主要是界定矿业项目可能对地方传统文化带来的不利影响和消极影响。社会影响评价是将发展和可持续性融入公司核心业务战略的方法并能帮助公司、社区和政府间建立合作关系。目前的一个趋势是将社会影响评价的方向从预测并减缓项目带来的不利社会影响转变为在可持续发展框架内促进项目能够带来的积极的社会发展。社会发展被界定为“满足人们基本需求、对经济活动带来收益的公平分配的实现、建设人力和社会资本、增加个人和社区的机会、促进社会正义和公平机会、消除贫困和文盲”(Esteves A M，2008)。社会影响评价不应该仅仅是一个正式的许可程序，而应该作为贯穿矿山开发周期的管理工具用来管理矿业项目从勘探到闭坑整个过程中出现的社会方面的问题。因此，正如环境管理中需要《环境管理计划》一样，为了使社会影响评价及减缓措施得到严格的检测和评估，应该制定《社会管理计划》并设置系统的管理体系实施社会影响评价。

环境影响评价和社会影响评价的核心是对预测的影响进行界定和评估，而减缓不利影响增强有利影响的管理行动通常只是在报告中进行说明性的描述，一般不会与项目设计联系起来。为了提高项目生命周期中的环境管理和社会管理，将环境影响评价报告和社会影响评价报告中的管理行动在项目的设计、建设、运营或/和结束阶段的环境管理计划和社会管理计划中进行清楚的界定和表述是十分重要的。对于某个具体项目来说，环境管理计划和社会管理计划通常在环境影响评价和社会影响评价之后起草并将减缓不利影响和增强有利影响的管理行动包含进去，可以分别在项目的建设阶段、生产运营阶段和结束阶段准备独立的环境管理计划和社会管理计划。

社区磋商程序可以唤起社区关注项目影响的意识并能促进管理协议的达成以便减缓矿业项目的不利影响并使项目带来的利益最大化。矿业公司应该将自己的工作人员向生活和居住在该区域的人们进行介绍，向政府机构和媒体介绍自己，让他们知道公司的计划是什么并在为社区提供信息方面寻求媒体的帮助。公司应将其意图进行广告，并在必要时回应受项目影响之人的信息需求。公司应将有关项目情况的信息广泛散播(Environment Protection Agency，1995a)。在绝大多数的社区第一步是提供清楚明白的拟议项目信息，包括对采矿过程及这些活动的潜在影响进行简单易懂的说明。大多数社区可能完全不熟悉大型矿业，因此提供的信息应该尽量不要技术性太强。公司还应该提供关于其商业结构、公司文化的信息，包括关键行为人的确定，目标和时间表，决策的内部程序等。这些信息应该为当地利益相关者提供参与磋商程序所需的信息与工具，使他们在谈判中处于更平等的位置（Amy Rosenfeld Sweeting，Andrea P. Clark，2000）。在该阶段矿业公司最好委派一名公众联络负责人处理社区关系和公众问题。该负责人最好是公司的高级管理人员，有权力代表公司同社区及公众沟通，同时他也应该熟悉矿产作业及其影响。公众联络负责人的职责主要包括：作为公众、社区团体或环境保护团体的联络点；定期向外界提供信息；应对社区关注的问题、投诉或质询；界定现在或未来矿业活动的实际或潜在问题等（图4.4）。

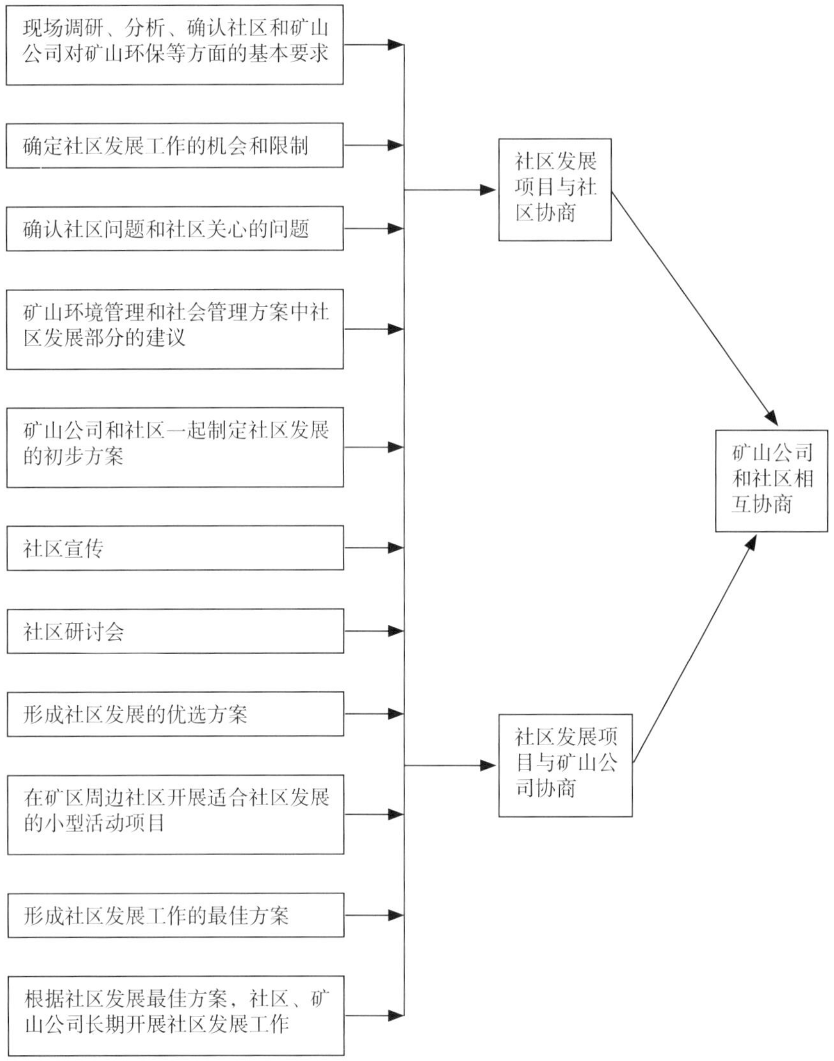

图4.4　社区发展工作步骤
（据王凤岐，2004）

在矿山开发的规划阶段应该将环境、社区磋商和社区发展等问题考虑进来，最好的办法是将负责环境管理和社区联系的人员包括在规划组中。这些人将从环境角度和社区角度对提议进行审查并对规划阶段需要解决的潜在问题进行界定。将环境问题融入战略规划中具有重要的意义，因为任何疏忽都可能导致广泛的环境影响和社区反应，而对其进行纠正将需要付出高昂的成本（Environment Protection Agency，1995b）。澳大利亚的《矿山规划中的环境保护》中提出包括物理、化学和生物要素的环境监测应该延伸到矿山场址周围受影响的区域。监测结果可以为矿山与周围社区持续的联络提供信息，这可以通过非正式的安排实现，但是如果设立正式的社区监测委员会则会更有效。而且该文件在其结论部分特别提出，最佳实践的矿山规划应该包括的一个组成部分就是理解社区的期望。项目早期开始的建设性的社区对话在测试项目备选方案以及关于生物物理和社会经济问题的反馈方面可以是无价的公司财富（Environment Protection Agency，1995c）。

社区磋商是在规划阶段制定社会经济发展方案的最重要的步骤之一，矿业公司在该阶段可以启动更加详细和集中的社区磋商，包括场址参观和组织社区联络委员会的集会等。随着项目的继续推进，社区期望知道更详细的项目信息，包括其范围、规模、直接和间接的经济、社会和环境影响等。项目的指示性设计——尤其是有社会和环境影响的——应该交由利益相关者讨论（Environment Protection Agency，1995a）。加拿大的《原住民社区矿业信息工具包》指出，矿山开发的可行性研究和规划阶段是社区参与最多的一个阶段，这个阶段需要进行环境影响评价和很多磋商程序。通过社区参与，环境评价可以发现信息不完善之处并对矿山规划进行必要的更改。

在矿业项目规划阶段的公众参与工作中有非常关键的两点值得特别注意：其中第一个关键点是矿业公司尤其是其中负责与地方及公众联络的部门及其人员应该具有将公众参与放在优先位置的意识；另外一个关键点在于公众参与的效力一定要有所体现，项目设计中一定要对公众意见有所考虑。

在该阶段中应该对可转移给社区的矿业利益进行评估，这些利益可以包括像权利金或工作收入这样的金钱利益，也可以是其他的政治和社会福利。在评估之后，可以与社区及公众磋商签订利润分享协议或安排。矿业公司最好在该阶段制定社区发展计划，提高社区的生存能力和机会并增强社区的可持续发展。

4.1.5.3 矿山生产运营阶段中的公众参与

在矿山的环境影响评价完成后，公众对矿业公司日常运营进行监督通常是比较有限的。但是当地公众希望得到一个保证，即矿业公司的活动符合所有的环境要求，矿业公司的活动不会造成不利的社会影响，如果公众能够获悉这样的信息则公众对该公司的信任会提升很多。因此，在矿业公司的运营中应该保持与其他利益相关者尤其是当地社区的联系并使之成为公众参与的一种形式。这样，当公司在扩大经营或提议新的项目需要获得环境许可和社会许可时会比较容易。因此，矿产开发中的公众参与不应该是一次性的工作，它的目的应该是保持与其他利益相关者的联系并不间断地处理地方的关注事项。在矿山运营期间，公众参与的形式有很多。例如，澳大利亚环境保护署在《社区磋商与参与》（Environment Protection Agency，1995a）中就指出：矿业公司在运营前的其他阶段中可能已经散发过简报，设立了热线，举行定期会议或场址参观，以及定期向当地媒体介绍情况。所有这些活动应当在项目开始运营时持续进行。公司和社区代表应该协商确定他们开会的频率，社区需要的信息以及公司和社区如何应对紧急情况和问题。在矿山运营中公众参与和社区磋商的重点应该放在对环境评价和社会评价过程中确立的环境管理和社会管理计划的有效性进行监测。在矿业公司的日常运营中应定期将公司作业活动及其影响以及公司采取的减缓措施向受影响的各方通报，在公司的事故处理、风险管理等方面注意与利益相关者一起进行磋商，定期审查和持续提高公司的风险管理体系和实践。在保护生物多样性和珍稀生物方面吸收当地社区和科学界等利益相关者对生物多样性的评估和管理信息进行监测和报告。公司也应该与公众尤其是受影响社区的公众一起磋商设计保障当地生态健康、经济稳定和社区福利的方法。

4.1.5.4 矿山闭坑和土地复垦阶段中的公众参与

矿山闭坑和复垦在矿山环境管理中也是非常关键的一个阶段，联合国环境规划署和国际金属与环境理事会在1998年编写了有关尾矿管理的案例研究著作。联合国环境规划署和世界卫生组织也出版了一本有关矿山复垦的培训手册——《矿山环境恢复和健康保障》（Mine Rehabilitation for Environment and Health Protection）。1999年第二届矿业与环境圆桌会议在柏林举行，出台了《柏林指南（二）》，其中一个主要部分就是关于矿山闭坑规划和复垦的。从20世纪70年代到90年代中期，矿山经营者和管理者主要强调闭坑计划中的环境问题。这样一来，复垦技术提高了很多。随着可持续发展理念的提出及其在矿产行业中的实施使得人们开始关注矿山闭坑中涉及的社会及社区问题。可持续性的开发指确保社区及其公众可持续性的方法在项目开始被提议时就被融入了矿业活动而且在整个矿山周期一直得到贯彻（Natural resources Canada，2003）。MMSD的最后报告中指出："如果矿山想对可持续发展有所贡献必须在项目开始之初就考虑闭坑的目标和影响、闭坑计划界定项目最终结果并为了实现该结果设定具体的目标。这就构成了指导矿山存续期间所有行动和决定的总体框架。该目标的关键是确保项目的所有好处包括收入和专门技术被用来促进当地发展并且能在矿山闭坑后仍然发挥作用"（MMSD，2002）。世界银行和国际金融公司2002年发表的《闭坑不是结束：世界各国的矿山闭坑》中提到"好的矿山闭坑计划应该始于可行性研究阶段，……过去十几年来矿业公司得到的最重要的经验是社区磋商与矿山闭坑计划相结合会对矿山设计及其基础建设产生重大的影响，并且确实经常会导致高效和更佳管理"（World Bank and International Finance Corporation，2002）。在矿山闭坑中没有利益相关者的参与可能会产生一些不利的后果，如导致公司管理费用的增加，导致当地经济的衰落等。因此，矿山闭坑程序中应该有利益相关者的参与，实际上，利益相关者的磋商和参与应该是矿山存续期间不间断的一项活动。如果在项目运营期间公司与利益相关者有良好的磋商关系那么在闭坑阶段也不会发生大的问题。这一点在《闭坑不是结束：世界各国的矿山闭坑》一文中也进行了阐释。该文指出："贯穿于从勘探到闭坑后所有矿山生命周期的可持续性是成功闭坑的最好的准备。……如果在矿山开始运营前和运营中进行过社区磋商并且同利益相关者保持联系，则在闭坑相关问题的规划中磋商会具有坚实的基础"（World Bank and International Finance Corporation，2002）。公司管理层在处理与利益相关者的关系时应该诚实、透明，应该将闭坑事项及时通知后者。当闭坑阶段开始时，公司应与社区磋商关于土地利用等事项。公司还应该设立包括相关利益相关者的闭坑委员会/顾问组以听取他们关于闭坑计划的意见（David Laurence，2006）。2000年澳大利亚和新西兰的矿产和能源理事会与澳大利亚矿业协会共同发表了《闭坑战略框架》，列明的六项主要目标中的第一项就是利益相关者的参与，也就是说，使所有利益相关者的利益在闭坑程序中能够得到考虑。该框架指出，当社区和利益相关者被充分告知闭坑程序信息并参与其中时能够实现更有效的环境管理（Australian and New Zealand Minerals and Energy Council，Minerals Council of Australia，2000）。《持久价值——澳大利亚矿产行业可持续发展框架》中的实施指导中要求矿业公司与相关利益相关者磋商制定明确规定闭坑后土地用途的闭坑计划而且应该根据不断变化的规章要求和社区期望定期审查闭坑计划。澳大利亚工业、旅游业及资源部2007年发表的矿产业可持续发展最优方法计划系列中的《尾矿管理》（澳大利亚工业、旅游和资源部，2007）单元中多次强调公众参与的内容，例如在可持续发展与尾矿一节中指出：利益相关方协调、信息共享、对话全部应贯穿尾矿设施的设计运行阶段，这样，规划和执行时，各个方面的观点、关注、期望都可得到考虑。公司与受影响社区之间有意义地定期接触，对发展信任、防止矛盾特别重要。在尾矿管理体系中再次提到：与利益相关方开展的早期协商和持续协商、信息分享、对话是持续进行的尾矿管理规划编制中的有机组成部分。具体到尾矿贮存设施备选方案的识别和评价方面，在定义运行参数时，要求识别社区的关注点，并要求概念项目组必须与社区接触，细致记录他们的发现并将其通知矿业公司和社区。在尾矿贮存设施的关键设计规范中有一条为：与利益相关方协商确定的公众健康安全、社区、环境执行目标。在尾矿贮存设施的关键设计报告中要求体现社区价值观。尾矿贮存设施的运行中要求所有尾矿贮存设施和相关的泵和管线系统，每天应至少检查一次。观察结果应记录在案。凡有不正常的观察结果，或有维护要求，都必须记录下来，并采取相应的行动，其中包括向监管机构和社区报告。尾矿贮存设施的关闭标准应在运行阶段与社区协商评审，并对尾矿管理计划做出相应修改（包括设计更改）。关闭计划的最优方法计划，要在设计阶段尽早清楚地确定关闭后的用地和最终关闭时的地貌，这些需要与监管机构、当地社区和准备接管为了土地责任的利益相关方达成一致。然后，通过对照主要指标标准，定期透明公布报告，并与社区协调，表明实现这些目标的承诺。加拿大的《原住民社区矿业信息工具包》中指出即使在闭坑阶段，矿山也可以通过提供复垦或闭坑后长期的维护与环境监测中的就业机会为社区创造价值。

案例4.5：北极星矿山（Polaris mine）的闭坑和复垦展示了通过磋商利用社区的有益经验。该矿山经过21年的运营，于2002年停产，2004年完成了闭坑和复垦程序。在这个过程中公司在1999年和2000年进行的环境现场评估工作的基础上制订了详细的闭坑计划。在闭坑活动中，公司积极寻求奴瓦特地区（Nunavut）社区的参与。原住民参与闭坑程序起初主要是与受影响社区特别是Rosolute Bay和Grise Fiod进行磋商。公司代表到社区展示闭坑计划的草稿并寻求社区的建议，对相关程序和过程进行解释。当地居民关于历史上和未来土地利用的建议被用来制定特定场址的土壤质量整治目标。奴瓦特的水务委员会也指派了一名协调员。在制定计划时协调员待在社区里，随后在计划实施过程中进行拆除和复垦工作时该协调员到工地去进行实地视察并向居民告知现场活动的情况。闭坑之后，当地居民协助进行场址的环境监测。这些居民还被其他矿业公司聘用担任设备操作员和技师，对环境整治活动进行监测和指导（PDAC，Mining Association of Canada and Canadian Aboriginal Minerals Association，2006）。

案例4.6：在加拿大西北部的Sullivan矿山运营了90年于2001年闭坑。由于其经营时间较长，当地社区对其所造成的环境问题有所担忧。为了应对这些担忧，Sullivan公共联络委员会被设立起来以确保社区的关注事项得到倾听。公司通过透明的程序与当地政府、社区和非政府组织进行磋商，很好地管理（闭坑程序中的）环境问题（World Bank and International Finance Corporation，2002）。

4.1.6 公众参与能力的培养与信息获取的保障

矿业开发活动一般发生在比较偏远的地区，公众一般缺乏相应的能力去有效地参与矿产开发的决策和管理。为了使公众能够真正地参与进来，对社区领导及公众、地方政府及矿业公司员工进行有关参与能力的培养就必不可少。在这个方面，政府、矿业公司以及非政府组织都可以有所作为。如前所述，政府尤其是中央政府为能力培养提供资金和专业人员的支持；非政府组织在地方政府、矿业公司员工和社区公众的参与能力培养方面有自己独特的优势，更容易获得成功；矿业公司也可以在社区能力培养方面协助政府或非政府组织开展相应的培训和发展活动。总而言之，作为公众参与的基础之一，公众参与的能力培养必须得到各方的足够重视并采取实际行动真正实现公众参与能力的提高。

信息的获取是公众参与的基础和前提条件，这一点已经得到了很多国际文件的认可。在矿产开发领域，普通公众一般对矿业项目缺乏了解，他们没有与矿业公司打交道的经验，而且因为缺乏相关专业或技术知识，即使当这些信息提供给他们时，他们也不能理解这些信息对他们生活产生影响的意义和程度。因此，要实现公众在矿产开发中有效的和有意义的参与，首要的是保证公众对信息的取得。首先，国家应该在法律中明确规定公众的知情权。无论是在环境立法、矿产资源立法还是在信息公开立法中，公众对信息的获取权应该有明确的界定。包括公众获取信息的范围、方式以及公众信息获取权受到侵害后的救济途径都应该明确，从而使公众的信息获取权具有较强的操作性。

其次，矿业公司应该努力促进公众对相关信息的获取。如前所述，公司可以采取多种多样的宣传方式向社区公众传递信息，例如通过宣传册、宣传画等书面材料、网站、布告栏和召集公开会议等形式进行信息的传达。更理想的方式是设立长期的社区联络机构处理与社区公众及其他利益相关者的信息交流。这里需要注意的是，信息的性质对于公众参与的实现也非常关键。公司提供的信息应该全面反映矿业项目的各方面影响，不应该仅仅强调矿业项目会给地方及其公众带来的好处和利益，却对矿业项目对当地环境和社会造成的不利影响只字不提。这样的信息很难使公众实现有意义的参与。现在矿业公司信息披露的一个趋势是向公众公开更多的环境管理信息以及社区参与环境管理的信息。有些矿业公司如加拿大的Cameco公司和当地社区成立环境委员会，允许这些委员会的成员获得有关环境监测等方面的信息，甚至允许他们参与采样和结果评估工作。而像Placer-Dome这样的公司通过将环境绩效提交外部审计并公布审计结果的形式增强其信息的透明度和可靠性。有些公司将矿区开放给普通公众游览以此作为公司活动透明度的证明，并可以通过这样的方式使社区的非矿山成员更好地理解矿业活动（Ian Thomson，Alistair MacDonld，2001）。

最后，社区及公众也应该在实现自己的知情权方面有所作为。公众可以根据法律的规定要求政府部门和矿业公司提供相关信息。而且，公众也可以通过自己的努力增强自己对信息的获取。例如，在必和必拓公司的埃卡蒂（Ekati）项目中，社区通过与公司磋商签订的《环境协议》设立了独立的环境监测机构，该机构通过网站、简报和会议等形式提高了受影响社区对矿业的认识（Environmental Law Institute，2004）。另外，需要注意的一点是，如图4.5所示，在矿产开发的所有阶段中信息的交流应该是双向的，公司需要向公众披露相关信息，同时公司应该在决策中对公众意见有所考虑。

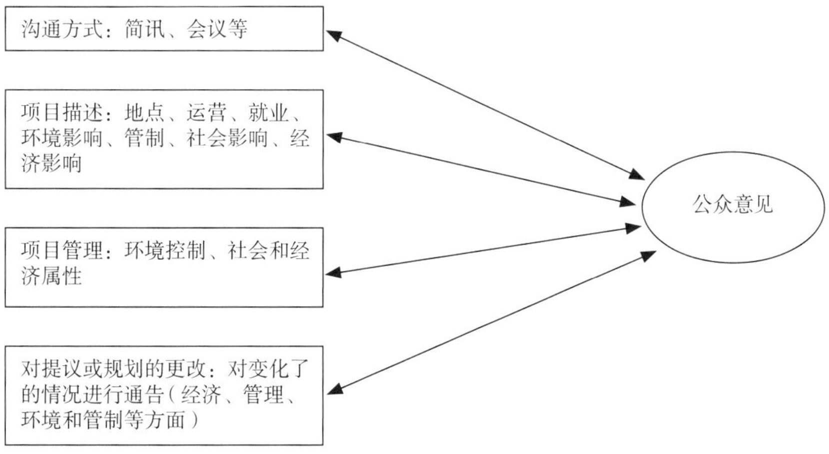

图4.5 双向信息流动模式

（据Pamela McRae-Williams. Community consultation toolkit. 2006）

4.1.7 适当的财税制度保证公众实现对矿产收益的分享

实践中，矿山所在社区及其公众承受矿业活动带来的绝大多数环境和社会成本，而矿业收益的大部分却没有为社区及其公众所取得。因此，适当比例的收益分配给矿山所在地方以确保地方及其公众得到足够补偿的要求越来越强烈。各国决策者原先将注意力集中在矿业投资者与东道国之间实现矿业收益的公平分配，而如今他们将注意力转移到保证矿业活动发生地社区分享到矿业收益。实际上，如果想要在矿产开发活动发生地营造一种安定与合作的氛围，地方社区必须得到他们认为公平的矿产收益份额。地方社区可以以多种形式从矿业开发活动中受益，例如社区可以收取地租和物业税，也可以分享中央政府收取的矿业税收。此外，地方社区也可以在就业、医疗和教育服务以及基础设施等方面获得一些便利和收益。美国权利金收入全部上交国库，在使用和分配上法律有明确规定。对陆上开采的矿产所征收的权利金等项收入，50%分配给矿床所在的州政府，40%作为国家的土地和水保护基金（该基金由财政管理），10%交国库大财政（普通基金）。阿拉斯加州例外，90%的收入归州政府。海上开采的矿产所征收的权利金等项收入，27%分配给沿海各州，其余进入国库的普通基金（大部分）、历史保护基金、土地和水保护基金、恢复基金等。印第安人保留区的收入，基本上全部还给印第安人部落（中国矿产资源税费制度改革研究课题组，2008）。美国矿业税收遵循的一个原则就是要优先照顾受到矿业活动影响的地方。例如按照《1920年矿产租赁法》的规定，联邦矿产租赁收入的37.5%返还给各州。1976年《联邦矿产租赁法》修正案将分配给各州的份额改为50%，而且规定优先资助地方政府的能源影响项目。以科罗拉多州的能源影响项目为例，1977年科罗拉多对本州分享的矿产租赁收入按如下模式进行分配：50%分配给矿业活动发生地的县，最高额为20万美元；25%分配给州公立学校基金，再加上各县分享的超过20万美元的“溢出”部分；10%分配给州水资源保护局，用于州水工程；15%分配给地方政府矿产影响基金（Local Government Mineral Impact Fund）用于地方事务部门的能源影响援助补贴（Energy Impact Assistance Grants）。1981年矿产租赁收入的分配模式进行了修改，将公立学校基金分配的各县超过20万美元的溢出部分规定了上限1001万美元，超出的部分由公立学校基金和地方政府矿产影响基金各分成50%。科罗拉多立法机构设立了一个能源影响援助咨询委员会对地方事务总监（Director of Local Affair）有关能源影响援助补贴的管理提供咨询意见。该委员会由4名地方官员和5名受矿业活动影响区域的居民构成。该委员会应不断地审查矿产和燃料资源的开发、加工或能源转换对本州不同区域（包括间接受到影响的区域）造成的或可能造成的影响。美国各州政府为了应对地方的主张和要求，提高了采矿税（mining severance taxes），设立了能源影响基金（energy impact fund），组织社区发展机构并发行免税收入债券（tax-free revenue bond）帮助地方社区。有些州还增加了地方政府的债务限额，为受影响的社区提供直接补贴（direct grants）并提高了地方政府分享的采矿税份额。以科罗拉多州为例，其采矿税是以从科罗拉多（私人所有）土地中转移的不可再生自然资源征收对象的税。该税以石油、天然气和二氧化碳生产的总收入为计税依据。州政府征收的开采税50%分配给地方事务部的地方政府开采税基金，由该基金通过能源和矿产影响补贴/贷款项目分配给地方政府，其中的15%基于纳税人雇员居住地申报情况直接分配给各市县，85%直接补助给地方政府。另外的50%进入开采税信托基金。其中一半被打入一个永久性账户作为贷款由科罗拉多州水资源保护局使用，另外的一半被打入一个营运账户用来资助自然资源部不同矿业项目的运营费用。

加拿大矿产资源属于各省所有，在矿产开发生产阶段，对采矿业的经营一般实行三级税制，其中省级开采税税率一般为18%～20%，鼓励矿山企业优先选择在本省，尤其是本省欠发达地区进行矿产品的加工和冶炼，在安大略省仅进行选矿，补贴率为8%，若进行冶炼和精炼，补贴率为12%～16%，若在本省北部欠发达地区进行加工，补贴率达20%。进行补贴后，开采税率一般可降到17%，矿山企业税率最高为经营利润的48%，实际总的税率一般为30%左右（马衍伟，2009）。这样的鼓励措施使资源所在地能从矿产收益中获得更多的收益，有利于地方的可持续发展。澳大利亚规定，陆上的矿产资源属于各州所有，权利金由州政府征收，直接进入州财政；海上矿产资源属于联邦政府，由联邦政府征收的权利金，在联邦和滨海州之间分成，联邦留35%，州分成65%（段玉虎，李赋，2002）。在地方分享矿业收益方面，按照规定，澳大利亚联邦政府、州政府和地方都可以从矿业开发中受益。联邦政府收取企业税、海岸线三海里外的矿产资源税和石油收入税。州政府收取本辖区内的矿产资源税。地方主要从矿业开发提供的就业、基础设施建设及其他服务设施建设中获益。

4.2　矿产开发中公众参与的理想模型构建

通过分析矿产开发中有效公众参与的要素构成，笔者构建了公众参与矿产开发的理想模式，见图4.6。

在这个模型中体现了现代矿产开发以人为本的理念，政府对矿业公司进行公众参与的规范指导，要求矿业公司提交相应信息，而矿业公司接受政府的规范指导并向政府提交矿业开发的相关信息。政府对社区及公众提供参与的帮助（包括能力培养）和资金支持，并向公众披露相关信息，社区及公众可以请求政府披露矿产开发的相关信息；矿业公司对社区及公众的信息索取可以视情况满足，并且可以在社区及公众的参与能力培养及具体参与活动中提供相应的帮助和便利。非政府组织一方面需要接受政府的规范指导和政策激励，另外可以在政府（尤其是地方政府）、矿业公司和社区及公众的参与能力培养方面发挥独到的作用，可以协助社区及公众从政府部门和矿业公司处获取相关信息，还可以协助公众参与到矿业收益的管理和分配中。这几个利益相关者之间的关系贯穿于公众参与的矿产开发的各个阶段，在每个阶段矿业公司应该针对不同的参与目标制定公众参与计划。在每一次的参与过程中都应该进行参与效果的检验并根据检验结果对参与计划进行相应的更正和

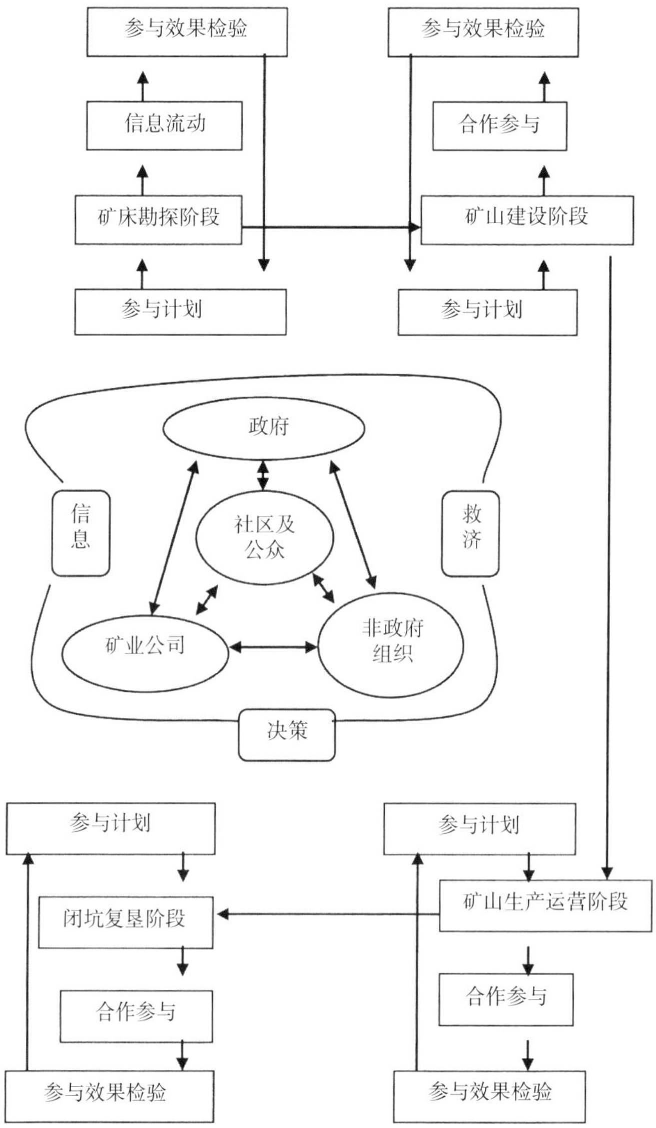

图4.6　公众参与矿产开发决策和管理的理想模式

改进。在整个矿山开发生命周期中，公众参与的实现应该有信息获取、参与决策和获得救济等方面的保障（图4.7）。

4.3　矿产开发中公众参与实现程度评价指标体系的构建

4.3.1　矿产开发中公众参与程度评价指标的主要构成要素

矿产开发中公众参与的实现涉及政府部门、矿业公司、非政府组织和社区及公众在矿床勘探阶段、矿山建设阶段、矿山生产与运营阶段以及闭坑复垦阶段当中的相互配合与协

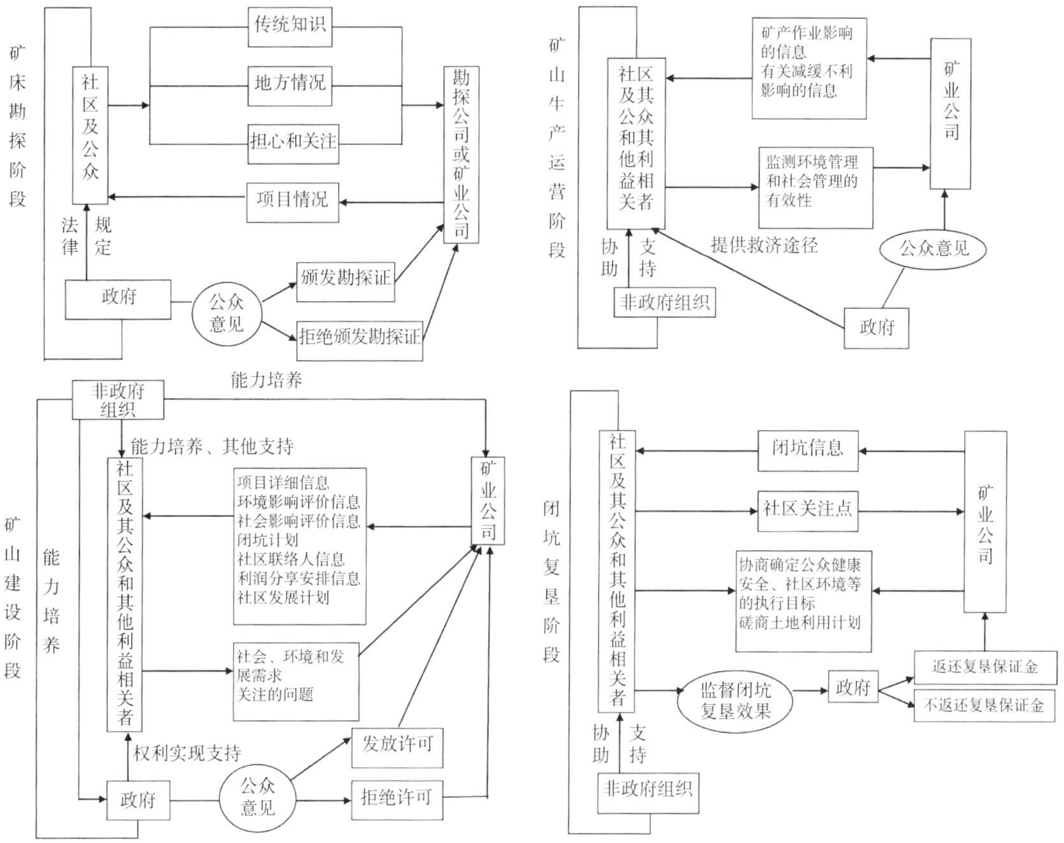

图4.7 矿产开发各阶段中公众参与的具体情况

作。同时矿产开发中公众参与的实现还受到法律制度、政策和社会等各方面的影响，所以矿产开发中公众参与实现程度的评价体系包括矿床勘探阶段中的公众参与、矿山建设阶段中的公众参与、矿山生产与运营阶段中的公众参与以及闭坑复垦阶段中的公众参与等一级指标，政府、矿业公司、非政府组织和社区及公众等二级指标。为了更有效地评价矿产开发中公众参与的实现程度，还需要进一步对法律规定中有关公众参与的效力、知情权、救济权以及对公众参与的资金保障等规定、对矿业公司的信息发布、专门机构及人员配置、投诉反馈机制和资金培训支持等活动、非政府组织的信息发布、关系协调、教育培训和监督评估等活动以及公众的参与意愿和参与能力等要素进行评价。然后将矿产开发中公众参与程度的评价指标按照递阶层次结构排列，如表4.6至表4.9所示。

4.3.2 矿产开发中公众参与程度评价指标体系的应用

为了计算出每级指标的权重，采用专家打分法，先请专家对各级指标的权重进行打分，然后根据公式$W=\sum_{i=1}^{n} W_i/n$ 计算出每个指标的最终权重。式中：W为每个指标的最终权重；W_i为每个专家给出的权重；n为专家总数。经过计算，得出的结果如表4.6～表4.9所示。

表 4.6　矿床勘探阶段中公众参与实现程度的指标体系

<table>
<tr><th>评价目标</th><th>一级指标</th><th>二级指标</th><th colspan="2">三级指标</th><th>得分</th></tr>
<tr><td rowspan="14">矿产开发中公众参与程度评价</td><td rowspan="14">矿床勘探阶段中的公众参与
0.1125</td><td rowspan="4">政府
0.1702</td><td>公众参与效力</td><td>0.175</td><td></td></tr>
<tr><td>知情权</td><td>0.300</td><td></td></tr>
<tr><td>救济权</td><td>0.275</td><td></td></tr>
<tr><td>资金保障规定</td><td>0.250</td><td></td></tr>
<tr><td rowspan="4">矿业公司或勘探公司
0.1702</td><td>信息发布</td><td>0.2875</td><td></td></tr>
<tr><td>专门机构人员配置</td><td>0.2625</td><td></td></tr>
<tr><td>投诉与反馈机制</td><td>0.250</td><td></td></tr>
<tr><td>资金与培训支持</td><td>0.200</td><td></td></tr>
<tr><td rowspan="4">非政府组织
0.3618</td><td>信息发布</td><td>0.300</td><td></td></tr>
<tr><td>关系协调</td><td>0.225</td><td></td></tr>
<tr><td>教育培训</td><td>0.225</td><td></td></tr>
<tr><td>监督评估</td><td>0.250</td><td></td></tr>
<tr><td rowspan="2">公众
0.2978</td><td>参与意愿</td><td>0.500</td><td></td></tr>
<tr><td>参与能力</td><td>0.500</td><td></td></tr>
</table>

表 4.7　矿山建设阶段中公众参与实现程度的指标体系

<table>
<tr><th>评价目标</th><th>一级指标</th><th>二级指标</th><th colspan="2">三级指标</th><th>得分</th></tr>
<tr><td rowspan="14">矿产开发中公众参与程度评价</td><td rowspan="14">矿山建设阶段中的公众参与
0.4875</td><td rowspan="4">政府
0.2985</td><td>公众参与效力</td><td>0.22500</td><td></td></tr>
<tr><td>知情权</td><td>0.26875</td><td></td></tr>
<tr><td>救济权</td><td>0.21250</td><td></td></tr>
<tr><td>资金保障规定</td><td>0.29375</td><td></td></tr>
<tr><td rowspan="4">矿业公司
0.2985</td><td>信息发布</td><td>0.2500</td><td></td></tr>
<tr><td>专门机构人员配置</td><td>0.2687</td><td></td></tr>
<tr><td>投诉与反馈机制</td><td>0.3062</td><td></td></tr>
<tr><td>资金与培训支持</td><td>0.1750</td><td></td></tr>
<tr><td rowspan="4">非政府组织
0.2537</td><td>信息发布</td><td>0.2500</td><td></td></tr>
<tr><td>关系协调</td><td>0.2375</td><td></td></tr>
<tr><td>教育培训</td><td>0.2625</td><td></td></tr>
<tr><td>监督评估</td><td>0.2500</td><td></td></tr>
<tr><td rowspan="2">公众
0.1493</td><td>参与意愿</td><td>0.5000</td><td></td></tr>
<tr><td>参与能力</td><td>0.5000</td><td></td></tr>
</table>

表 4.8 矿山生产运营阶段中公众参与实现程度的指标体系

评价目标	一级指标	二级指标	三级指标		得分
矿产开发中公众参与程度评价	矿山生产运营阶段中的公众参与 0.225	政府 0.2537	公众参与效力	0.250	
			知情权	0.225	
			救济权	0.250	
			资金保障规定	0.275	
		矿业公司 0.2985	信息发布	0.175	
			专门机构人员配置	0.2875	
			投诉与反馈机制	0.2000	
			资金与培训支持	0.3375	
		非政府组织 0.1792	信息发布	0.225	
			关系协调	0.275	
			教育培训	0.175	
			监督评估	0.325	
		公众 0.2686	参与意愿	0.500	
			参与能力	0.500	

表 4.9 闭坑复垦阶段中公众参与实现程度的指标体系

评价目标	一级指标	二级指标	三级指标		得分
矿产开发中公众参与程度评价	矿山闭坑复垦阶段中的公众参与 0.175	政府 0.1875	公众参与效力	0.150	
			知情权	0.300	
			救济权	0.325	
			资金保障规定	0.225	
		矿业公司 0.25	信息发布	0.2625	
			专门机构人员配置	0.1750	
			投诉与反馈机制	0.2750	
			资金与培训支持	0.2875	
		非政府组织 0.2125	信息发布	0.275	
			关系协调	0.225	
			教育培训	0.125	
			监督评估	0.375	
		公众0.35	参与意愿	0.500	
			参与能力	0.500	

然后根据表4.10，表4.11，表4.12和表4.13中的评分标准按照公式$W=\sum_{i=1}^{n}A_iW_i$ 计算出每一级指标的得分，最后将一级指标的得分相加就可以算出某个国家矿产开发中公众参与实现程度的得分。式中：W为上一级指标的得分，W_i为各指标得分，A_i为各指标的权重，n为指标的总数。根据不同指标的得分还可以对该国公众参与矿产开发决策和管理的具体方面进行评价。

表 4.10　法律规定的评分标准

一级指标	实现程度	得分
公众参与效力	法律中没有关于公众参与效力的任何规定	0
	法律中有关于公众参与效力的一般性规定，但是不全面	20
	法律中有关于公众参与效力的全面规定，但对体现公众参与效力的具体程序没有规定	40
	法律中有关于公众参与效力的全面规定，也有体现公众参与效力的具体程序，但是不具有操作性	60
	法律中有关于公众参与效力的全面规定和体现公众参与效力的具体程序且具有操作性	80
	法律中关于公众参与效力的规定在实践中得到有效实施	100
知情权	法律中没有关于知情权的任何规定	0
	法律中有关于公众知情权的一般性规定，但是不全面	20
	法律中有关于公众知情权的全面规定，但对实现这些权利的具体程序没有规定	40
	法律中有关于公众知情权的全面规定，也有实现知情权的具体程序，但是不具有操作性	60
	法律中有关于公众知情权的全面规定和实现公众知情权的具体程序，且具有操作性	80
	法律中关于知情权的规定在实践中得到有效实施	100
救济权	法律中没有关于救济权的任何规定	0
	法律中有关于救济权的一般性规定，但是不全面	20
	法律中有关于救济权的全面规定，但对实现救济权的具体程序没有规定	40
	法律中有关于救济权的全面规定也有实现救济权的具体程序，但是不具有操作性	60
	法律中有关于救济权的全面规定和实现救济权的具体程序，且具有操作性	80
	法律中关于救济权的规定在实践中得到有效实施	100
资金保障规定	法律中没有关于资金保障的任何规定	0
	法律中有关于资金保障的一般性规定，但是不全面	20
	法律中有关于资金保障的全面规定，但对实现这些权利的具体程序没有规定	40
	法律中有关于资金保障的全面规定，也有实现资金保障的具体程序，但是不具有操作性	60
	法律中有关于资金保障的全面规定和实现资金保障的具体程序，且具有操作性	80
	法律中关于资金保障的规定在实践中得到有效实施	100

表 4.11　矿业公司行动的评分标准

一级指标	实现程度	得分
信息发布	公司没有向管理机构、社区及其公众、其他利益相关者发布信息	0
	公司向管理机构提交信息，但是没有向社区及其公众、其他利益相关者提供相关信息	20
	公司以一种非正式的和临时的方式向社区及其公众、其他利益相关者提供相关信息	40

续表

一级指标	实现程度	得分
信息发布	公司正在开发正式的和有组织的针对社区及其公众、其他利益相关者的信息发布体系	60
	公司存在向社区及其公众、其他利益相关者提供相关信息的正式体系	80
	公司发布经过外部审计和认证的信息	100
专门机构人员配置	公司没有关于公众参与的专门机构和人员配置	0
	公司以一种非正式的和临时的方式安排开展公众参与活动的人员	20
	公司正在组建开展公众参与工作的专门机构和配置专门人员	40
	公司开展公众参与工作的专门机构和专门人员已经存在	60
	公司开展公众参与工作的专门机构和专门人员通过正式行动积极开展公众参与活动	80
	公司开展公众参与工作的专门机构和专门人员被认为是公众参与中一个重要的贡献者	100
投诉反馈机制	公司还没有接受公众投诉、对公众意见进行反馈的机制	0
	公司以一种非正式的和临时的方式接受公众投诉，对公众意见进行反馈	20
	公司接受公众投诉、对公众意见进行反馈的正式机制正在开发	40
	公司接受公众投诉、对公众意见进行反馈的正式机制已经存在	60
	公司积极地接受公众投诉并及时对公众意见进行反馈	80
	公司在决策中会对公众的合理意见进行考虑	100
资金培训支持	公司不存在对公众参与的资金和培训支持体系	0
	公司以一种非正式的临时的方式对公众参与进行资金和培训支持	20
	公司对公众参与进行资金和培训支持的正式体系正在开发	40
	公司对公众参与进行资金和培训支持的正式体系已经存在	60
	公司积极开展对公众参与进行资金和培训支持的正式行动	80
	公司在对公众参与进行资金和培训支持的方面被认为是重要的贡献者	100

表 4.12　非政府组织行动的评分标准

一级指标	实现程度	得分
信息发布	非政府组织没有进行信息发布的任何体系	0
	非政府组织以一种临时性的方式进行信息发布	20
	非政府组织正在开发关于信息发布的正式体系	40
	非政府组织关于信息发布的正式体系已经存在	60
	非政府组织向矿山所在社区及公众发布相关信息	80
	非政府组织向矿山所在社区及公众发布相关信息，并采取多种方式帮助公众理解相关信息	100
关系协调	非政府组织没有关于协调政府、矿业公司和社区及公众之间关系的任何体系	0
	非政府组织以一种临时性的方式协调政府、矿业公司和社区及公众之间的关系	20
	非政府组织正在开发关于协调政府、矿业公司和社区及公众之间关系的正式体系	40
	非政府组织关于协调政府、矿业公司和社区及公众之间关系的正式体系已经存在	60
	非政府组织可以诉诸非司法性的措施协调政府、矿业公司和社区及公众之间的关系	80
	非政府组织可以诉诸司法措施协调政府、矿业公司和社区及公众之间的关系	100

续表

一级指标	实现程度	得分
教育培训	非政府组织没有任何有关公众参与的培训教育体系	0
	非政府组织以一种临时的方式开展公众参与的教育培训	20
	非政府组织正在开发有关公众参与培训教育的正式体系	40
	非政府组织有关公众参与培训教育的正式体系已经存在	60
	非政府组织通过正式行动对社区及其公众进行参与意识培养	80
	非政府组织通过正式行动对社区及其公众、政府部门和矿业公司员工进行参与能力培养	100
监督评估	非政府组织没有任何有关监督评估的体系	0
	非政府组织以一种临时的方式进行监督与评估	20
	非政府组织正在开发有关监督与评估的正式体系	40
	非政府组织有关监督与评估的正式体系已经存在	60
	非政府组织通过正式行动对公众参与的活动情况进行监督	80
	非政府组织将监督结果进行评估后向外部公布	100

表 4.13　公众参与行为的评分标准

一级指标	实现程度	得分
参与意愿	公众没有参与矿产开发决策和管理的意愿	0
	公众参与矿产开发决策和管理的意愿不强	20
	公众有参与矿产开发决策和管理的意愿	40
	公众参与矿产开发决策和管理的意愿较强	60
	公众参与矿产开发决策和管理的意愿非常强烈	80
	公众通过多种渠道积极参与矿产开发的决策和管理	100
参与能力	公众没有参与矿产开发决策和管理的能力	0
	公众有一定的参与矿产开发决策和管理的能力	20
	公众有参与矿产开发决策和管理的能力	40
	公众积极提高参与矿产开发决策和管理的能力	60
	公众参与矿产开发决策和管理的能力较强	80
	公众参与矿产开发决策和管理的能力很强	100

按照上述过程对澳大利亚、南非和中国矿产开发中的公众参与程度进行计算，得出结果如下：澳大利亚、南非和中国的最终得分分别为：78.4353，31.5349和33.3024。总体来讲，中国与南非矿产开发中公众参与的实现程度比较接近，两个国家的公众参与实现度与澳大利亚的差距比较大。进一步对二、三级指标的得分进行比较，澳大利亚、南非和中国的政府、矿业公司和非政府组织在矿产开发中公众参与的实现中具体得分见表4.14。

通过比较分析可以看出，我国矿产开发中公众参与的实现机制中，法律规定、信息

表 4.14 澳大利亚、南非和中国矿产开发中公众参与实现程度的具体方面得分比较

评比指标内容	澳大利亚	南非	中国
法律规定	278.375	178.75	88.75
信息披露	267	115	93.125
公众参与能力	110	40	40
政府发挥功能	64.169	40.1511	22.2714
矿业公司发挥功能	71.2676	16.4804	26.2159
非政府组织发挥功能	56.3692	13.1205	15.6575

披露和政府发挥功能方面与澳大利亚和南非都有差距，非政府组织和矿业公司的表现稍好于南非，但是与澳大利亚的差距还是比较明显的。根据中国当前的表现对各项指标进行计算，得出最终的计算结果为：法律规定得分为210.75，信息披露得分为120，公众参与能力得分为70，政府发挥功能得分为47.4941，矿业公司发挥功能得分为69.4434，非政府组织发挥功能得分为29.6769，中国公众参与程度总得分为52.3749。（具体计算过程见附录2）与2011年的计算结果进行对比，可以发现，中国在矿产开发中公众参与方面的进步比较明显，特别是法律规定和政府发挥功能方面，进步很突出。

4.4 本章小结

本章结合美国、加拿大、澳大利亚和南非等国矿产开发中公众参与的情况总结出影响矿产开发中公众参与实现程度的要素包括：政府的规范和协调功能、政府相关部门和矿业协会等机构的服务和指导功能、非政府组织的推动作用、矿业公司的有效执行功能、全生命周期的计划、实施与监测、公众参与能力的培养与信息获取的保障。本章还构建了矿产开发中公众参与的理想模型和对矿产开发中公众参与实现程度进行评价的指标体系，运用该体系对澳大利亚、南非和中国的公众参与进行评价的结果表明，该指标体系具有一定的应用价值。

5　我国矿产开发中公众参与实现机制的不足与完善建议

结合第4章实现矿产开发中公众参与的影响因素、矿产开发中公众参与理想模型以及运用矿产开发中公众参与实现程度评价指标体系进行比较的结果，本章对我国矿产开发中公众参与实现机制中存在的问题进行具体分析并提出相应的改善建议。

5.1　我国矿产开发中公众参与的实现机制中存在的不足

5.1.1　矿产开发中公众参与的相关立法有待加强

《中华人民共和国宪法》第二条第三款规定："人民依照法律规定，通过各种途径和形式，管理国家事务，管理经济和文化事业，管理社会事务。"该规定为公众参与矿产开发中的环境、社会和经济等事项提供了法律基础。自然资源部关于探索利用市场化方式推进矿山生态修复的意见（自然资规〔2019〕6号）中指出，按照党的十九大"构建政府为主导、企业为主体、社会组织和公众共同参与的环境治理体系"的要求，地方各级自然资源主管部门要加强工作指导，做好日常监督管理，建立健全政府、矿山企业、社会投资方、公众共同参与的监督机制。此外，2018年《上市公司治理准则》第95条要求，上市公司应当依照法律法规和有关部门的要求，披露环境信息以及履行扶贫等社会责任相关情况；第96条要求，上市公司应当依照有关规定披露公司治理相关信息，定期分析公司治理状况，制定改进公司治理的计划和措施并认真落实。2022年《上市公司投资者关系管理工作指引》第7条明确规定公司的环境、社会和治理信息是上市公司与投资者沟通的主要内容之一，2021年《公开发行证券的公司信息披露内容与格式准则第 2 号：年度报告的内容与格式》新增了"第五节 环境和社会责任"要求。具体来讲，公众参与应贯穿矿山建设、开发、闭坑全过程，大概在以下方面需要公众参与：①矿山环境的影响评价、预警、治理、监测方案、措施、（废水、粉尘、噪音等）检测结果、处理意见等；②矿山地质灾害的警示、防治、监测措施，安全生产、职业健康警示、防护措施；③矿区交通秩序、矿区周边公共安全、公共秩序；④矿山闭坑后的环境恢复治理、监测，土地复垦，安全隐患消除，人员安置方案；⑤矿区环境保护、土地复垦、地质灾害治理、资源综合利用、节能减排、实现自动化信息化智能化、产品质量提升、规范管理等技术难题征集与解决；⑥企业文化、发展规划、经营理念、职工福利、利益分配方式，职工满意度调查机制；⑦矿区的社会福利、文化、体育设施使用方案，企业与地方磋商和协商机制，群众满意度调查机制，企业社区服务、共建方案；⑧企业的公益事业捐助、社会责任履行情况（赵军伟等，2020）。但是实践中，在矿产开发领域，我国公众的参与更多地局限在环境保护领域，“环境保护需要全社会的广泛参与，不能只有专家、官员、少数开发商参与，因为他们常常有动力达到妥协，但是公众的利益就会受到损害，当地受到影响的社区一定要参与进去，因为他们很难妥协自己要喝的水，自己孩子要成长的环境”（马军，2008）。同时，公众在矿山环境保护领域的参与也因为我们国家法律规定、制度设计以及实施机制等方面存在一些不足导致该领域公众参与的实现不太理想。例如，“环境、社会和公司治理”（environmental，social and governance，ESG）已经得到了国际社会的认可，许多国家的公司法和商法典通过强行性法律规范，不同程度地实现了公司社会责任的法律责任化。但是，我国《公司法》社会责任尚未设置明确的法律后果要件，导致其在一定程度上限于倡导性责任（朱慈蕴等，2022）。

如前所述，美国的《露天采矿控制和复垦法》、澳大利亚、加拿大和南非的法律中都对公众参与矿产开发全过程的环境、社会和经济事项进行了规定。新修订的《中华人民共和国矿产资源法》对公众参与矿山环境保护进行了规定，该法第四十五条第四款规定：“国家鼓励社会资本参与矿区生态修复。”第四十六条第二款规定：“编制矿区生态修复方案，应当在矿区涉及的有关范围内公示征求意见，并专门听取矿区涉及的居民委员会、村民委员会、农村集体经济组织和居民代表、村民代表的意见。”对公众在矿产开发的社会和经济事项中参与没有规定。实践中，我国公众在矿产开发的社会和经济事项中参与很少，在矿山环境管理和保护中的参与主要是依据《中华人民共和国环境保护法》《中华人民共和国环境影响评价法》《环境保护公众参与办法》以及《环境影响评价公众参与办法》中的相关规定。但是，这些法律法规本身存在的不足以及矿产开发活动的特性使公众在矿山环境管理中的参与较难实现。

首先，公民的环境权是公众参与环保的权利基础，在法律中对环境权进行规定，有利于促进公众参与环境管理和保护。“运用法律系统解决外部性有一个很大的优点。在这个系统下，受害者有直接的利益，承担着执行法律的责任，而不是依靠政府来确保不发生外部性。很明显，这个系统更有效，因为受害者比政府更愿意弄清有害事件是否发生”（斯蒂格里兹，1988）。目前世界上有40多个国家在它们的宪法中规定了环境权，而我国在宪法中没有该权利的规定。这种立法中的缺失导致法律中公众参与环保的条文缺乏基础性的权利支持，因而使得这些条款的有效实施成了问题。

其次，虽然《中华人民共和国宪法》中对公众参与权进行了规定，《中华人民共和国环境影响评价法》对公众参与环境影响评价进行了规定，2014年修订的《中华人民共和国环境保护法》除了对公众参与有原则性规定外，其第五章专门规定了信息公开和公众参与，2015年《环境保护公众参与办法》和2019年的《环境影响评价公众参与办法》都有关于公众参与的详细规定，但是这些规定在操作性方面还存在一定不足。例如,《中华人民共和国环境影响评价法》关于参与程序的规定较原则，以审批前建设项目环境影响评价文件编制过程中的参与为重点、以建设单位为主导的模式，征求公众意见情况仅仅只是作为向环保部门报批的一项要件，而且在公众参与的时机方面也规定得较为滞后。《环境保护公众参与办法》的规定比较概括，在可操作性和公众参与方式的创新性上仍显不足。根据我国《环境影响评价公众参与办法》中的规定，在矿产开发活动中，公众参与环境影响评价仅限于环境影响报告书，而不包括报告表和登记表；公众参与只在编制环评大纲及评审阶段和环评报告书的编制和评审阶段进行，并没有贯穿矿产开发的全过程。《土地复垦条例》规定了相关权利人对复垦初步验收结果的异议权，但“相关权利人”的外延较“公众”狭窄且界定标准不明，如何行使异议权以及异议权的法律效果不明确（杨慧丽等，2016）。之前，在矿山闭坑规划编制和实施过程中，也没能充分考虑土地所有权人和当地社区居民等利益相关方的意见和诉求（李海婷，2021）。2025年7月1日即将实施的《中华人民共和国矿产资源法》要求在编制矿区生态修复方案时，在矿区涉及的有关范围内公示征求意见，并专门听取矿区涉及的居民委员会、村民委员会、农村集体经济组织和居民代表、村民代表的意见，这是一个很重要的进步。

在实践中，我国矿产开采项目的有关内容事先不向公众公布，报告书也不公开，只是在环境评价过程中发放问卷或找个别群众收集意见。而很多情形下，所谓的公众意见实际上是专家意见或地方行政部门的意见。目前，矿山环境影响评价中的公众参与只停留在表面阶段，多限于网上公示和举行听证会两种形式，多是走过场，实质内容较少，未安排公众进行实地考察（李海婷，2021）。同时，由于矿产开发活动非常专业、技术性很强，普通公众不了解矿业开发活动产生的具体环境影响，矿产开发项目的信息披露有时过于简单或者过于专业，这样就使公众在矿山环境管理和保护中的参与更加困难。新法规定了编制矿区生态修复方案中公众参与的要求，但是具体操作和落实还有待观察。另外一个实现有效公众参与的重要方面就是公众参与的效力问题。我国目前法律的规定只要求对公众意见进行记录，在环境影响报告书中附具对有关单位、专家和公众的意见采纳与否的说明，但是并没有对公众意见在决策中的影响进行明确的规定，也就是说对公众参与的效力没有进行明确的界定。而且对于违反公众参与制度，侵害公众参与权（其中包括侵害公众信息获取权）的责任及补救现行法律也没有进行规定。

5.1.2 对公众的环境教育和参与能力培养不足

中华环保联合会等机构的一项调查结果显示，97.5%的公众都赞成将环保指标纳入官员政绩考核体系；而中国环境文化促进会发布的我国首个公众环保指数显示，如果以百分制计算的话，2005年中国公众环保指数得分为68.05分。综合两组数据不难看出，公众对环保的关注度很高，但参与度不强。这种情况一方面与中国长期以来实行自上而下的环境管理和保护方式有关。另外一个方面也与中国的环境教育程度密切相关。《21世纪议程》第36章指出："需要加强公众对环境与发展的认识，……培养个人对环境的责任感……"，并提出了具体的行动建议。教育在公众参与中发挥着非常重要的作用。公众掌握了环境管理的基本知识，掌握了环境影响评价的程序以及与矿业开发相关的社会、经济和环境问题后才能够理解与在议项目相关的复杂问题并知道如何参与矿产开发中环境、社会和经济事项的管理。因此为了使公众更有效地参与到矿产开发中，政府相关部门以及行业协会或其他民间社团开展一些教育项目和活动是十分必要的。联合国环境规划署曾经对世界范围内的矿业学校中环境教育的状况做过一个调查，结果表明被调查学校课程设置中环境内容逐渐增加。从20世纪70—80年代开始，矿业学校逐渐开设环境管理、环境法、信息技术和沟通技巧等课程，目的是培养了解环境知识的矿物学专家，同时向他们灌输可持续发展的理念（Rene Van Berkel，2000）。世界范围内，各矿业大国对环境教育都非常重视。澳大利亚政府通过资金补助或组织活动促进全国环境教育的发展，各州政府对环境教育也一直很重视，1999年各州教育部部长签署了《21世纪国家学校目标宣言》（又称《阿德莱德宣言》），其中特别指出环境教育的目标是"了解并关注自然资源的管理及有助于实现可持续发展的知识和技能"（Ministerial Council on Education，1999）。宣言发布后环境教育被纳入学校课程中，作为学校教育的重要组成部分。2008年《墨尔本宣言》取代了1999年的《阿德莱德宣言》，在其教育目标中指出："为共同利益工作，尤其是维持和改善自然和社会环境"（Australian Education Ministers，2008）。各州还制定了环境教育法促进环境教育的开展。在实践中，国家把环境保护教育贯穿于学校教育、家庭教育、公民教育的全过程，人们可以从多种渠道、多个层次受到良好的环境教育，中小学校的环境教育课程设置注重以可持续发展为导向，而且十分注重实践环节，通过让学生参加丰富的体验活动认识自然，掌握保护环境和资源的知识和实践技能。通过利用学校内外的资源和条件，与社区、企业等密切配合，培养学生的环境实践能力，发展学生管理环境的能力以及节省资源的行为模式。在澳大利亚，公众积极主动参与环境监督管理，一些环保组织、学校、生产企业、环保志愿者等经常在公园等公共场所举办环保宣传活动。通过丰富多彩的环保宣传活动告诉公众有关环境保护的法律法规、科学知识，以及公民在保护环境方面的责任、权利和义务，大力宣传环保产品，倡导绿色生产、绿色消费。不少城市都建有由非政府组织发起、政府支持、企业赞助的环保公园。这些公园既是科普教育基地，又是环保教育基地和人们休闲的好去处。美国1990年的《国家环境教育法》对环境教育课程的设置、实施、评估和普及，环境教育的在职进修和环境教育的实践环节等都进行了规定，按照该法的要求设立了环境教育处、环境教育咨询委员会等机构，还开展环境教育奖金、环境实习奖金以及总统环境青年奖。这些项目的开展提高了美国公众的环境意识并为美国的可持续发展做出了贡献。2008年美国通过了一项新的法律《不留一个孩子在室内法》（No Child Left Inside Act of 2008）推行环境素养培养，尤其是高中生环境素养的培养。美国学校的环境教育渗透到了各个学科中，而且强调实践性和参与性。除了在学校的正式教育，美国的环境教育还包括非正式的教育，也就是在博物馆、科技馆和矿山等处所开展的教育。在加拿大，不仅中小学开设环境教育课程，高等院校开设环境科学的比例也较高。公众成立社会组织宣传和促进可持续发展也得到鼓励。由于普通公众对一些专门术语可能不理解，政府主管部门需要对公众进行培训和指导，用浅显易懂的语言告诉公众如何参与环保。加拿大环境评价署在其官方网站上对公众参与环境评价进行了细致的说明，包括术语的解释和参与程序的介绍，并且环评署对公众参与有专门的资助计划。从矿产行业的努力来讲，企业的环境保护教育也发挥着重要的作用。矿业公司一般会举办开放日，将场址等对公众开放，有时也举办专门针对高等院校学生、中小学生的开放活动，这样的方式可以使公众更形象地了解矿产开发过程，对矿产开发过程中的环境等问题有更具体地了解。

对公众参与能力的培养对于实现有效的公众参与至关重要，政府、非政府组织和矿业公司都能在公众的参与能力培养方面有所作为，这一点在前文已经有详细的说明，在此不再赘述。作为矿产行业来说，行业从业者了解环境知识、掌握与公众打交道、进行有效沟通的技巧对于行业实现有效的公众参与至关重要。澳大利亚矿物委员会与昆士兰大学合作开展一个研究生项目，旨在促进矿产行业中社区关系执业者的技能，尤其是在社区参与、社区发展、公司社会责任和文化意识等方面的技能。该课程于2008年第一次开设，主要是帮助矿产行业继续建设界定和分析与行业运营及其社区承诺相关问题的知识和技能。课程将涉及从资源开发项目的独特角度考虑一系列社区参与的战略（http://www.minerals.org.au/environment/community_relations/index.html）。

美国是世界上第一个正式颁布国家环境教育法的国家，但目前中国尚未出台正式的环境教育法（娄洁等，2022）。2014年《中华人民共和国环境保护法》第九条规定："各级人民政府应当加强环境保护宣传和普及工作，鼓励基层群众性自治组织、社会组织、环境保护志愿者开展环境保护法律法规和环境保护知识的宣传，营造保护环境的良好风气。教育行政部门、学校应当将环境保护知识纳入学校教育内容，培养学生的环境保护意识。新闻媒体应当开展环境保护法律法规和环境保护知识的宣传，对环境违法行为进行舆论监督。" 2015年《环境保护公众参与办法》第17条规定："加强公众的环境宣传、普及环境知识、培养环境意识、倡导绿色生活、提倡低碳环保风尚，是环境保护主管部门的职责范围。" 近年来，我国出台了环境教育的地方性法规和文件，如2012年《天津市环境教育条例》、2014年《洛阳市环境保护教育条例》、2015年《哈尔滨市环境教育办法》、2015年《南京市环境教育促进办法》、2016年《厦门市环境教育规定》和2019年《清远市环境教育规定》以及2021修正的《宁夏回族自治区环境教育条例》。我国目前的法律中没有关于公众参与能力培养的具体规定，明确提到公众参与能力的只有一个地方规范性文件，即《福州市环境保护局、中共福州市委宣传部、中共福州市委精神文明建设办公室等关于印发〈福州市环境宣传教育工作实施方案（2016—2020）〉的通知》，其中要求："开展环境宣教绩效评估机制研究，将环境舆情处置、公众参与能力等作为重要考核指标，实施量化考核。”

环境教育的实践比较丰富，其中学校环境教育、景区环境教育及社区环境教育互相补充，构成了比较完整的环境教育网络。不过，我国环保主管部门在公众参与环保领域的服务意识和服务水平还较低，仍然沿袭传统的“官本位”思想，认为开展宣传教育、培训指导以及允许公众参与环保是对公众的一种恩惠或福利而没有从公众权利的角度认识这个问题。基于这种理念，有关部门很难想到需要有适当的激励机制鼓励公众参与环保。目前我国在公众参与能力培养方面的实践很少，这个领域需要做出更多的努力以改变现状。

5.1.3 我国非政府组织发挥作用有限

20世纪中期以后，责任政府仍旧是现代行政法的理论基础之一，但是内容有了重大的修正和补充，表现之一在于人们转移给国家的权力（特别是国家行政权）不再只是由国家机关行使，其中一部分国家权力已通过立法将之交付介于国家与公民之间的，人们称之为“市民社会”“非政府组织”“社会中介组织”“第三部门”等的社会组织行使（姜明安，2005）。非政府组织在环境保护等方面能发挥独特的作用，过去几十年来，非政府组织在环境保护中的重要性和影响得到了极大的提高。非政府组织在环境保护领域的重要功能包括：检测环境条件、直接或间接通过创造公共压力游说国际政府间组织和各国政府设立环境保护的制度、协助国际政府间组织和各国政府机构制定适当的法律文本以及在有些情况下实际参与某些方面环境制度的实施（Edith Brown Weiss，Stephen C. McCaffrey，Daniel Barstow Magraw，2003）。在矿业领域，非政府组织主要通过它们的游说和信息公开活动对采矿业产生影响，因为这些活动会对公众意见有很大的影响并因此对可持续发展框架的确立产生影响。非政府组织为公众提供了参与矿产开发决策和管理的机会和手段，并提高了公众的参与能力和水平。如前所述，在矿产开发中的公众参与方面，非政府组织在各方利益相关者的参与能力培养、矿业相关信息的披露和获取以及矿产收益的分享等各方面都发挥了积极的作用。国际上现在有一些专门的“矿业环境非政府组织”，如Wassa Association of Communities Affected by Mining（WACAM）和Mining Watch Canada等，这些组织尤其关注矿产开发对公众的经济、社会和环境影响，并在公众参与矿产开发的决策和管理中发挥作用。另外，社区组织在促进矿产开发的公众参与中也有自己的独特优势。社区民间组织所具有的利益聚合和自治参与功能，能真正调动社区成员参与的积极性，有效拓展社区成员参与的广度和深度，为社区成员公民精神的成长提供组织化的空间。社区民间组织的培育，为公共性的追寻提供了活动着的行动主体（郑巧等，2008）。

中国政府高度重视发挥非政府组织在社会生活中的重要作用，积极促进非政府组织健康发展。中国共产党第十六届中央委员会第六次全体会议通过的《中共中央关于构建社会主义和谐社会若干重大问题的决定》提出：“健全社会组织，增强服务社会功能。坚持培育发展和管理监督并重，完善培育扶持和依法管理社会组织的政策，发挥各类社会组织提供服务、反映诉求、规范行为的作用。……发挥行业协会、学会、商会等社会团体的社会功能，为经济社会发展服务。发展和规范各类基金会，促进公益事业发展。”党的十七大报告《高举中国特色社会主义伟大旗帜 为夺取全面建设小康社会新胜利而奋斗》指出：“发挥社会组织在扩大群众参与、反映群众诉求方面的积极作用，增强社会自治功能。”党的十九届四中全会《中共中央关于坚持和完善中国特色社会主义制度、推进国家治理体系和治理能力现代化若干重大问题的决定》提出：“必须加强和创新社会治理，完善党委领导、政府负责、民主协商、社会协同、公众参与、法治保障、科技支撑的社会治理体系，建设人人有责、人人尽责、人人享有的社会治理共同体。”改革开放以来，中国非政府组织发展迅速，截至2008年底，全国共有基金会1597个，社会组织41.4万个。中国非政府组织除数量大幅增加外，种类也更加齐全，其业务范围涉及教育、科技、文化、卫生、环保、公益、慈善事业等方方面面，同时，非政府组织作用显著增强，在畅通诉求渠道、协调各方利益、促进社会主义市场经济发展和完善、促进社会福利和公益事业发展等方面发挥出积极作用。其中，非政府组织在环境保护领域最活跃，例如，在《环境信息公开办法（试行）》颁布之后，全国各地多家环保民间组织相继发布了“环境信息公开与公众参与”的本地指南，并举办圆桌会议和培训等活动，进行环境信息公开办法实用信息的宣传。

但是，我国主要非政府组织为官方及其附属机构所直接或间接领导，民间自发组织形成、开展活动、内部管理的非政府组织不仅在数量上，同时在参与事务方面并不理想（朱令昌，2022）。这种状况导致我国的非政府组织行政化程度高而且对政府的依赖程度高，不能够按照自愿性的原则进行自治，在社会中的公信度也不是很高，在培养公民的权利意识、监督意识和参与意识方面的作用不能得到有效的发挥。

5.1.4 政府的服务意识有待提高

在当今社会，政府的社会治理模式已经由统治模式转向管理模式。公众在公共事务管理中的参与成为必然趋势，但是公众参与意识和参与能力的培养以及相关工作人员的业务能力的培养也应随之有所增强。很多国际和国外文件和实践都特别强调社区、公众在公众参与中的能力培养。政府部门在这些方面应该有所作为。西方国家公众参与环保的程度较高与政府重视公众参与的激励机制密不可分。例如，加拿大环境评价署对于公众参与环境评价会有相应的资金支持以减少公众参与的不便。

中国政府从20世纪80年代就把环境保护作为基本国策确定下来，在1994年通过的《中国21世纪议程——中国21世纪人口、环境与发展白皮书》中确立了中国的可持续发展战略。其核心内容之一是通过对自然生态环境的有效保护和自然资源的永续利用，实现资源、环境的可持续发展。到了21世纪，中国政府更加强调环境保护和可持续发展战略，为了实现可持续发展战略，政府需要通过法律、政治、经济、社会和文化制度，可持续地管理资源，在民主参与、法制和保护人权的基础上实现社会正义和环境平等（李挚萍，

2006），这表明了中国政府的善治目标。善治要求政府改变管理理念，为公众提供公共产品和公共服务，增强服务意识和顾客意识，向服务型政府转变。实际上，我国矿产行业中的公众参与更多地集中在环境治理方面，虽然，我国环境治理中公众参与制度已经基本完备，但公众参与渠道的通畅性、可达性、便捷性、知晓度还有待提升和改进（褚松燕，2022）。在矿业领域中公众参与也存在这些不足，原因在于我国环境保护部门和资源管理部门的这种服务意识远远没有建立起来，政府在公众参与机制建设方面的能力也不足，公众不能切身体会到政府部门在推动公众参与矿产开发的决策和管理方面的努力。例如，为了保障公众的参与需要强化公民素质，提升其参与意愿和参与能力，需要政府通过各种渠道，如网络、新闻等宣传矿业的相关知识和信息、公众参与的相关内容等，让公众对矿业以及公众参与都能有所了解。从目前的情况看，政府在这方面的工作稍显不足，一个很明显的表现是我国政府官网上基本没有关于公众参与矿业的指南等相关内容，民众很难便捷地从政府获得公众参与的相关帮助。

5.1.5 矿产开发信息披露不全面

信息的获取是公众参与的前提,《里约环境与发展宣言》和《奥胡斯公约》中都提到了公众的信息知情权，尤其是后者的核心内容就是强调公众的信息知情权。2011年之前，我国的法律和法规中虽然规定了保障公众获取相关信息，促进公众参与决策等方面的内容。但是，这些规定大多是一些原则性的规定。1989年《中华人民共和国环境保护法》规定："国务院环境保护行政主管部门建立监测制度，制定监测规范，会同有关部门组织监测网络，加强对环境监测和管理。国务院和省、自治区、直辖市人民政府的环境保护行政主管部门，应当定期发布环境状况公报。"该规定仅仅涉及公共环境信息，对于公众个人要求政府部门或企业提供环境信息则未涉及。

2015年《环境保护法》第五章专章规定了信息公开和公众参与，以法律条文的形式明确规定政府环境信息公开的内容，保障公民包括监督、举报等参与环境治理的权利，将公民参与环境治理合法化，并对环保社会组织向人民法院提起环境公益诉讼进行了明确的规定，弥补了环境公益诉讼的法律空白。2015年发布的《环境保护公众参与办法（试行）》明确规定了环境保护公民参与的具体范围、参与的原则、具体的参与办法并明确表述了环保行政部门应当对环保社会组织提起的环境公益诉讼予以帮助和支持。2018年修订发布了《环境影响评价公众参与办法》，明确了公众参与环境影响评价的内容、程序、方式及渠道等，进一步保障人民的知情权、参与权、表达权和监督权。这一办法优先保障了受影响公民的参与权利，并明确了信息公开的具体方式应至少包括网络、报纸、张贴公告等三种，方便公民知晓相关信息更有利于公民参与。2021年1月1日施行的《中华人民共和国民法典》在侵权责任篇新增了环境污染和生态破坏责任的规定，明确故意污染环境破坏生态的，被侵权人可以要求惩罚性赔偿，并规定了生态环境损害的修复规则和赔偿规则。这些规定为国家机关、社会组织以及被侵权人主张自己在环境保护的权利提供了明确的指引，也是公众参与矿山环境保护的法律依据。

近年来我国各级政府的环境事务信息积极通过政府网站向社会发布，自 2011年发展至今取得了较大的进展，公民能够通过政府网站获取相关环境信息资料和数据，同时企业环境信息公开也以政府规章文件的形式被约束，但是还存在政府环境信息公开信息的部分滞后与缺失等问题，如目前公民得以从政府网站中获取诸如大气环境、水环境、土壤环境以及固体废弃物等与其生活息息相关的环境信息，但是存在着环境信息内容简单、信息公开的持续性差、信息更新效率低等问题（张晶晶，2019）。

在矿产开发的公众参与方面，公众的知情权在《矿产资源法》中没有涉及，而全国首部矿山环境保护的地方性法规和国土资源部（现自然资源部）出台的《矿山地质环境保护规定》对此也只是参照环保法的内容进行了简单的规定，这种立法的模式没有考虑到矿业开发活动自身的特点有针对性地提出矿山开发的不同阶段应向公众提供的环境信息，从而对实践中操作的指导性不强。《矿山地质环境保护规定》在2015年、2016年和2019年分别进行了三次征求，但是在公众参与的内容上并没有做更细致的规定。

矿产开发信息披露的另外一个主体是矿业企业，与矿业活动有关的环境、社会和经济信息的披露在矿业企业承担社会责任和履行其对社会及公众的承诺方面具有核心作用。对企业的环境、社会和经济信息实行信息公开制度，可以使社会、社区及公众对企业的环境、社会和经济行为进行监督，通过舆论的评判使各方面表现好的矿业企业在公众和社区中树立良好的企业形象，同时迫使表现欠佳的企业改进自己的行为，提升自己在环境和社会等方面的表现。在全世界范围内对矿业企业社会责任的关注使得矿业企业需要通过披露有关社会和环境信息来记录自己的表现。披露途径一般为发布《环境报告》《社会和环境报告》或《可持续发展报告》等，内容主要是关于企业在环境保护、资源利用和与社区的关系等方面。21世纪的前10年，矿业企业的社会环境信息披露得到了很大的发展，但是在全球仍然没有统一的规范来规定披露的形式和具体内容。矿业企业披露信息出于自愿，披露什么信息也由他们自己选择，由于没有统一的标准，企业可能只披露对自己有利的信息，因此公众认为这些信息的可信度不高，这也是该制度面临的最大挑战（Heledd Jenkins，Natalia Yakovleva，2006）。2005年及以前，发布企业社会责任报告/可持续发展报告的中国本土企业还寥寥无几。从2006年起，中国海洋石油总公司、宝钢和中铝等企业陆续发布企业社会责任报告或可持续发展报告，另外，中国石油从2000年起，每年发布HSE（健康、安全和环境）报告（新华网，2008）。同样，中国企业的此类报告也没有统一的标准，很多企业在报告中过多地强调成绩和积极信息而对企业存在的不足和消极信息涉及很少，因而其可信度也受到质疑。而跨国矿产企业在中国的信息披露也存在很多问题。举例来讲，跨国企业在环境标准要求较严、对公众参与要求较多的国家对企业的环境和社会等方面的表现进行披露时，会很详细地列出很多具体的数据、实例来说明自己的工作。而同样的公司在中国进行信息披露时，有的是将母公司的报告翻译成中文，仅在报告每个部分加上对中国业务和环保工作的简要介绍；或以介绍全球可持续业务为主，顺带提及中国。完全针对中国业务建立环境保护绩效评估体系，促进中国式环境信息公开的方式很少（李霞，2010）。在最新的公司公众参与实践方面，很多矿业公司都将信息公开与公众参与作为其社会责任的重要方面进行了规定和落实。中国石油天然气集团有限公司在其《2021企业社会责任报告》中指出：我们坚持诚信、互动、平等的原则，建立健全利益相关方沟通参与机制。多种方式收集、整理和分析利益相关方期望与诉求，多举措加强与利益相关方沟通交流，邀请利益相关方参与企业可持续发展相关决策和活动，并借鉴国际标准和国内外先进经验，在实践中持续改进利益相关方参与效果（中国石油天然气集团有限公司，2022）。中国五矿集团有限公司在其《2021可持续发展报告》中指出：中国五矿致力构建有效的责任沟通机制，深入了解并回应利益相关方的期望和诉求，促进各相关方参与公司的决策和运营，保障其知情权、监督权和参与权，实现共同发展（中国五矿集团有限公司，2022）。像紫金矿业这样的矿业企业在其公众参与的制度和实践中还引入了国际相关标准。紫金矿业集团股份有限公司在其《2021年环境、社会及管治（ESG）报告》中关于利益相关方参与的描述为：我们依据GRI Standards、AA1000SE 等利益相关方沟通相关的国际标准和指引，识别出我们主要利益相关方，包括：员工、股东和投资者、商业合作伙伴（包括客户、供应商、承包商等）、政府和监管机构、周边社区及环境、NGO与媒体。我们坚持诚信、互动、平等、透明的原则，尊重利益相关方诉求，建立健全了利益相关方沟通参与机制，采用多举措加强与利益相关方进行定期/不定期沟通交流，邀请利益相关方参与企业可持续发展相关决策和活动，了解利益相关方的诉求，以及公司在ESG 工作上的优点以及不足。我们定期记录、衡量和审查我们与利益相关方沟通的情况，根据利益相关方的反馈及时对沟通机制进行改进，不断提升我们与各利益相关方沟通的有效性与时效性。

尽管企业在信息公开和公众参与方面做出了很多努力，但是还存在企业环境信息公开不充分的现象。国家虽然于2015年实施了《企业事业单位环境信息公开办法》，促进了企业环境信息的公开进度，但是在对企业环境信息的规定中，国家仅对重点排污企业环境信息公开制度约束，而对于一般排污企业则是以自愿的态度来决定是否公开，然而一般排污企业的环境保护意识通常不足。重点排污企业信息公开方面也存在着问题：首先，公开的环境信息不全，强调环境污染物排放总量的公开，具体的有害物质的伤害性和生产过程中阶段性污染状况并无涉及；其次，企业环境信息公开的违法成本低，依据现行的规定，重点排污单位在被发现未按时公开真实环境信息时，仅需公开相关环境信息和缴纳三万以下罚款，与生产经营收益相比，这样低的违法成本促使重点排污企业存在着侥幸心理（张晶晶，2019）。

5.1.6 矿业公司的社会责任担当有待加强

公司社会责任概念在1924年由英国学者欧利文·谢尔顿首先提出来以后得到了学界

广泛的关注，虽然目前对其定义还没有一个统一的界定，但是其内涵基本上比较一致，即公司社会责任是指公司在对股东承担经济责任（追求股东利益）的同时，也要对债权人、员工、供应商、客户、政府、社区等其他利益相关者以及生态环境承担社会责任（杨自业等，2010）。公司社会责任既包括法律上的社会责任，也包括道德上的社会责任。我国的《公司法》第5条第1款规定："公司从事经营活动，必须遵守法律、行政法规，遵守社会公德、商业道德，诚实守信，接受政府和社会公众的监督，承担社会责任。"该规定从立法上对公司社会责任进行了明确，但是这个规定是倡导性的宣誓性条款，并没有强制性的具体内容，而且《公司法》也没有规定对违反社会责任的公司进行追究的条款或内容，所以操作性不是很强。作为矿业公司来讲，由于矿业开发活动对自然资源和环境造成的影响很重大，所以矿业公司更应该承担起促进社会可持续发展的责任，在追求公司经济利益的同时考虑到社会及公众的社会利益和环境利益。矿业公司在社会责任方面的主要作用在于减少社区社会和文化的割裂，保持与利益相关者的对话和矿产作业的透明度（Heledd Jenkins，Natalia Yakovleva，2005）。在世界范围内，大型矿业公司已经将社会影响评价作为项目规划的工具，在公司干部的奖励和认可制度中将社会指标包括在内（A.M.Esteves，2007）。许多矿业公司现在都将社区发展和参与作为可持续发展和公司社会责任框架的一部分，将社区发展、消除贫困和人力发展等在公司政策中进行明确的承诺，并设置专门机构积极开展相关工作（Deanna Kemp，2009）。

2011年之前，我国矿业公司的社会责任意识还不是很强。首先，本书5.1.5节中所阐释的矿业公司矿产开发信息披露方面存在的问题表明我国的矿业公司还没有真正将可持续发展和公司社会责任作为公司运营的有机组成部分给予应有的重视。阳秋林和周新颖（2011）对我国煤炭行业上市公司社会责任会计信息的披露情况进行分析后也发现，我国煤炭企业所披露的社会责任会计信息多以信息点的形式出现，散落于财务报告的各个部分，使得信息使用者很难全面了解企业履行社会责任的全貌。披露的信息集中于经济效益和人力资源方面，且后者的货币性信息多体现在职工薪酬这一点上，对于安全作业信息多以非货币性的信息笼统地进行说明，涉及职工培训与发展及保障员工健康信息的披露更是少之又少。对生态环境、社会福利及产品等信息的披露明显不足。其次，我国矿业公司对于公众参与矿产开发决策和管理的积极性不高。如前文所述，国外的矿业公司非常重视与周边社区及公众的磋商与合作，为了向公众表明自己的社会责任意识，采取各种途径使公众参与到其日常的管理中，或开展各种活动使公众更好地了解本公司情况，而我国的矿业公司基本都是封闭式的管理，很少主动地邀请公众参与其有关矿产开发的决策和管理。

从2011年之后的实践来看，我国很多矿业公司都将信息公开与公众参与作为其社会责任的重要方面进行了规定和落实。如前所述的中国石油天然气集团有限公司和中国五矿集团，会去了解并回应利益相关方的期望和诉求，促进各相关方参与公司的决策和运营，保障其知情权、监督权和参与权，并在实践中持续改进利益相关方参与效果。像紫金矿业这样的矿业企业在其公众参与的制度和实践中还引入了国际相关标准，公司依据 GRI Standards、AA1000SE 等利益相关方沟通相关的国际标准和指引开展相关工作。

总的来说，近十多年来，矿业公司在社会责任承担方面做出了很多的努力，虽然，社会影响评价和社区发展项目的应用还没有全面普及，大型矿业公司开展促进矿山周边地区的经济发展和提高当地公众的福利的项目，也有公司专门设立一个机构处理社区发展问题，这是一个很好的趋势。但是从整个矿业行业来说，这样的实践并没有成为行业标准和硬性要求，完全取决于公司意愿，这就使得很多矿业公司不会去充分地履行其本应承担的社会责任。

5.1.7　矿业收入分配机制不利于矿区公众分享矿业收益

2011年之前，我国矿产资源税费由税（资源税）、资产收益（矿产资源补偿费、探矿权价款、采矿权价款、探矿权使用费、采矿权使用费、矿区使用费和石油特别收益金）以及行政事业性收费（勘查登记费和开采登记费）组成。其中，资源税实行定量定额征收，海洋石油资源税收入归中央，其他资源税收入归地方政府。矿产资源补偿费按照矿产品收入的一定比例计征，大体为矿产资源产品销售收入的1%～4%，平均为1.18%。收入分配由中央与省、直辖市按照5：5的比例分成，中央与自治区（包括云南、贵州和青海）的分成比例为4：6。探矿权使用费和采矿权使用费由中央和省两级财政分配。国家出资形成的探矿权价款和采矿权价款收入按固定比例进行分成，其中20%归中央所有，80%归地方所有。矿区使用费归中央所有。石油特别收益金是2006年国务院和财政部分别通过《国务院关于开征石油特别收益金的决定》（国发〔2006〕13号）和财政部关于印发《石油特别收益金征收管理办法》的通知（财企〔2006〕72号）两个文件，决定对石油开采企业销售国产原油因价格超过40美元/桶所获得的超额收入，按照五级超额累进从价定率的方式征收石油特别收益金，石油特别收益金纳入中央财政预算管理。根据《开采海洋石油资源缴纳矿区使用费的规定》对在中华人民共和国内海、领海、大陆架及其他属于中华人民共和国行使管辖权的海域内依法从事开采海洋石油资源的中国企业和外国企业征收矿区使用费，根据《中外合作开采陆上石油资源缴纳矿区使用费暂行规定》对在中华人民共和国境内从事合作开采陆上石油资源的中国企业和外国企业征收矿区使用费。矿区使用费按照每个油、气田日历年度原油或者天然气总产量分别计征，对超过起征点的部分实行超额累进征收，费率为1%～12.5%，矿区使用费属于中央财政收入。

资源税是为了调节资源级差收入并体现国有资源有偿使用而征收的一种税（表5.1）。我国的资源税开征于1984年。根据《中华人民共和国资源税条例（草案）》（国发〔1984〕125号）的规定，从1984年10月1日起，对原油、天然气、煤炭等先行开征资源税，当时资源税是以实际销售收入为计税依据，按照矿山企业的利润率实行超率累进征收，其宗旨是调节开发自然资源的单位因资源结构和开发条件的差异而形成的级差收入。1994年税改

表 5.1　2011 年之前我国现行矿产资源税费情况

矿产资源税费	征收办法	分配方式
资源税	定量定额	海洋石油资源税收入归中央，其他资源税收入归地方政府
矿产资源补偿费	按照矿产资源产品销售收入的1%～4%（平均为1.18%）征收	收入分配由中央与省、直辖市按照5：5的比例分成，中央与自治区（包括云南、贵州和青海）的分成比例为4：6
探矿权使用费	探矿权使用费以勘查年度计算，按区块面积逐年缴纳，第一个勘查年度至第三个勘查年度，每平方千米每年缴纳100元，从第四个勘查年度起每平方千米每年增加100元，最高不超过每平方千米每年500元	中央和省两级财政分配
采矿权使用费	采矿权使用费按矿区范围面积逐年缴纳，每平方千米每年1000元	中央和省两级财政分配
探矿权采矿权价款	以国务院地质矿产主管部门确认的评估价格为依据	从2006年9月1日起，探矿权采矿权价款收入按2：8的固定比例分成
石油特别收益金	石油开采企业销售原油的价格超过40美元/桶时实行5级超额累进从价定率计征	石油特别收益金属中央财政非税收入，纳入中央财政预算管理
矿区使用费	矿区使用费按照每个油、气田日历年度原油或者天然气总产量分别计征	属中央财政收入

时，资源税开始实行从量定额征收的办法。对开采应税矿产品和生产盐的单位，开始实行“普遍征收、级差调节”的新资源税制，征收范围扩大到所有矿种的所有矿山，不管企业是否赢利普遍征收。这样的征收办法使资源税一方面具有级差收入调节税的性质，另一方面具有补偿资源有偿使用的性质，后者使资源税与矿产资源补偿费成为重复征收的税费。资源税税率低不能反映资源的稀缺程度，以销售量或自用量为依据计税，导致采富弃贫，采厚弃薄现象严重，造成资源浪费，不利于资源的可持续利用。资源税税率过低导致资源被廉价或无偿使用，使企业成本外部化和社会化，造成对环境和生态的双重破坏。从量定额征收办法也不能灵活地反映矿产品市场价格的变化，在矿产品价格急剧变化的情况下，矿山企业的收益增长很快，但国家财政和地方财政却获利很少，而且资源税属于地方税，过低的资源税导致利益分配机制不合理，造成资源丰富但地方财政困难的现象。2010年6月1日，财政部、国家税务总局印发了《新疆原油天然气资源税改革若干问题的规定》的通知，新疆资源税费改革从2010年6月1日起开始施行，改革方案的核心内容资源税税率（对原油和天然气这两种资源）采取“从价征税”。由从量计征改为从价计征后，原油、天然气的资源税税率为5%。这样的改革引起了社会各界对整体资源税税改的期盼，因为按照从价计征同时又提高资源税税率后，资源税对地方财政的贡献大大增加。

从2006年9月1日起，探矿权采矿权价款收入按2：8的固定比例分成。中央和地方二八分成，体现了国家探明矿产地的矿业权有偿取得的收入向地方倾斜，大头留地方，同时也保证了中央对于探矿权采矿权价款收入的部分所得。中央的收入按照取之于矿、用之于矿的原则，全部投入中央地质勘查基金，推动我国矿产资源勘查开发工作。但是在地方所分探矿权和采矿权价款的征管方面存在着收益分配不合理的情况。例如湖南省现行的采矿权价款收益分配基本上是根据发证权限按比例分配，省级审批项目省、市、县按5：2：3的比例分配，市级审批项目市、县按4：6的比例分配。而按照矿产资源管理属地原则，县级政府从人力、物力、财力上，全部承担着矿山开采监管、环境治理、周边关系的协调等工作，30%和60%的分配比例明显没有尽多考虑县级政府利益，在事权和财权上不成正比。再如省级审批的采矿项目，市级既不是采矿权审批部门，也不是矿产地的管辖部门，不直接履行矿产资源的开采监管权，但在采矿权价款的收益分配中，仍享20%的分配比例，相应减少了县级收益。而且采矿权价款收益分配没有顾及乡、村两级。作为乡、村两级组织，一个直接监管矿山，一个直接拥有矿产资源所在地的土地使用权，但均没有价款的收益分配，以致矿山监管权、土地使用权和收益权相背离，因而乡、村对矿业权出让工作的积极性和支持性不够，有的甚至是为采矿权出让工作设障碍，不利于矿业权的出让工作开展（石门县非税收入征收管理局，2009）。

我国矿产资源补偿费是采矿企业开采不可再生矿产资源对作为矿产资源所有者国家的补偿，纳入国家预算，实行专项管理。这种补偿费性质上类似于国外的权利金，征收矿产资源权利金是目前世界上绝大多数国家的实践，是矿业权人向矿产资源所有权人因开采矿产资源而支付的经济补偿，主要是为了实现勘查、开发利用和有效保护矿产资源。但是我国矿产资源补偿费的费率水平与国外的权利金费率相比太低，平均为1.18%，而国外权利金的费率一般为销售收入的2%～8%。这样一来导致的后果之一就是不能实现国家对矿产资源的财产权益，而且国家也不能从开采矿产资源的收益中提取足够的资金用于再分配，建立相应的利益均衡机制，以补偿那些世代居住在相应资源区的居民（中国矿产资源税费制度改革研究课题组，2008）。矿产资源补偿费属于中央与地方的固定比例分成收入，地方分成再按照一定比例（3：1：6或2：2：4）在省、市、县进行分成。资源所在地地方政府所得补偿费只占整个补偿费总额的4成不到，还必须专款专用（中国矿产资源税费制度改革研究课题组，2008）。国外权利金的使用方向，主要有几种：一是用于环境保护，如美国、波兰等设立的各种基金；二是用于资源保护，如印度、印度尼西亚等；三是用于鼓励勘查开发活动，如泰国、澳大利亚的新南威尔士州和西澳大利亚州（马伟，2008）。按照《矿产资源补偿费用管理暂行办法》的规定，我国的矿产资源补偿费主要用于矿产资源勘查，并适当用于矿产资源保护支出和矿产资源补偿费征收部门经费补助预算。在实践中，地方所分部分主要用于矿管部门的经费补助预算，基本上是用光分光，成了自收自支的财源（吕雁琴等，2010）。

2011 年国务院发布的《关于修改〈中华人民共和国对外合作开采海洋石油资源条例〉

的决定》规定中外企业依法缴纳资源税，不再缴纳矿区使用费。2014 年《关于调整原油、天然气资源税有关政策的通知》（财税〔2014〕73 号）明确，原油、天然气矿产资源补偿费费率降为0，相应将资源税适用税率由5%提高至6%。2016 年《关于全面推进资源税改革的通知》（财税〔2016〕53 号）规定，矿产资源税全面实施清费立税、从价计征改革，并规定纳入改革的矿产资源税收入全部为地方财政收入。2017 年《关于印发矿产资源权益金制度改革方案的通知》（国发〔2017〕29 号）规定：在矿业权出让环节，将探矿权采矿权价款调整为矿业权出让收益，矿业权出让收益中央与地方分享比例确定为4：6 。在矿业权占有环节，将探矿权采矿权使用费整合为矿业权占用费，矿业权占用费中央与地方分享比例确定为2：8，不再实行探矿权采矿权使用费按照登记机关分级征收的办法。在矿产开采环节，对绝大部分矿产资源品目实行从价计征，使资源税与反映市场供求关系的资源价格挂钩，同时，将矿产资源补偿费并入资源税。在矿山环境治理恢复环节，将矿山环境治理恢复保证金调整为矿山环境治理恢复基金。

2019年通过的《中华人民共和国资源税法》规定，资源税按照《税目税率表》实行从价计征或者从量计征。根据财政部、自然资源部、税务总局关于印发《矿业权出让收益征收办法》的通知（财综〔2023〕10号）的规定，矿业权出让收益为中央和地方共享收入，由中央和地方按照4：6的比例分成，纳入一般公共预算管理。地方管理海域的矿业权出让收益，由中央和地方按照4：6的比例分成；其他我国管辖海域的矿业权出让收益，全部缴入中央国库。地方分成的矿业权出让收益在省（自治区、直辖市）、市、县级之间的分配比例，由省级人民政府确定。

矿产开发开采活动对矿产资源所在地的生态环境以及社会经济生活带来的影响最大，矿产资源开采活动造成的环境污染、生态破坏、土地复垦等负外部性主要由矿区居民承担，按照权利义务对等的原则，矿产资源收益的分配机制应将矿区居民承担的不利影响考虑在内，使矿区居民从资源收益中获取补偿。从我国矿产资源税费制度的规定中可以看出，我国现行的资源收益分配体系没有明确将对矿区居民的补偿考虑进去，当地公众没有从中受益，资源所在地的地方经济很难得到可持续的发展。

5.2　完善我国矿产开发中公众参与实现机制的建议

加强公众参与是新时期矿业发展的必然趋势，这将增强对矿产开发的社会监督，有利于建设和谐矿山。目前，我国国内矿产开发中的公众参与虽然也有一些成功的经验，例如，中国铝业公司山东分公司的阳泉矿在社区磋商和公众参与方面就取得了很好的社会效果（张焕杰等，2010）。公司将社区磋商活动贯穿于整个矿山建设的各个环节和所有阶段；矿山经营管理人员根据生产建设的发展进程，随时制定或修改磋商计划；矿山从建矿开始一直有一名副矿级干部分管工农关系和支农工作，并且公司有具体操作办法，是结合我国国情和矿山具体情况开展公众参与的成功例证。2011年之后，矿业公司在公众参与方面做了更多的工作，也有很好的实践，例如前文所述的中国石油天然气集团有限公司、中国五矿集团和紫金矿业等。但是，这样的实践数量上不是很多，还不具有普遍性，公众的主动参与不足，为了在政府部门、矿业公司和公众心中培育公众参与意识，真正使公众参与在矿产开发实践中得到全面的贯彻实施，我国应着重从以下几个方面对公众参与矿产开发的决策和管理进行完善。

5.2.1　完善立法

为了实现公众在矿产开发中的有效参与，首先我们必须完善公众参与的立法。关于公众参与的立法方面要注意把握几个关键的要素和环节：越多的人参与，公众参与效果更容易实现，因此公众参与对象应该具有广泛性。在立法中一般用“受决策影响或可能受决策影响以及对决策感兴趣的各方”这样的措辞将参与的公众界定得尽量宽泛；公众参与程序应该尽早启动而且应该贯穿始终，在每一个程序、每一项决策启动之初就应该允许公众介入，如果公众介入时间过迟，公众的意见可能对最终的决策很难产生实质性的影响；公众参与的效力很关键，立法中应该明确公众意见应该在决策中予以考虑。主管机构如果在决策中不考虑公众的意见则公众参与就毫无意义，因此，立法中应该明确主管机构做出决定时应给公众相应的书面解释，而且对公众的意见应该有专门的回应；公众参与的方式最好采用交互式而不是单向地传输信息，应该包括传递信息和倾听意见。如图5.1所示，公众参与有不同的阶梯，最低的阶梯——研究/数据收集中公众仅仅是被动地提供信息，这些参与人员不是真正意义上公众参与中的参与者。信息供给仅仅是单向的信息传递，咨询过程中公众获得了被倾听的机会，但是他们没有参与决策或决策过程的权利。参与、协作/合作以及委派/指定权威三个阶梯中，公众实现了真正的参与，不仅有交互式的信息交流而且公众可以参与决策及决策过程。

为了在矿产开发中有效地实施公众参与，一方面在有关公众参与的法律中应该规定实现公众参与的具体机制，包括但不限于：有效的公开通知、充分的信息以及清楚明白且适当的程序设置。公众参与的有效进行首先要求公众能够了解参与的机会并且能够知道正在审议的特定决定的相关信息。而且这样的通知一定需要为公众留有充足的时间进行相应的准备。在程序规定方面，当公众对某个决策过程感兴趣时，他应该有相应的程序保障通过书面评论表达自己的意见，比较理想的状况应该是为公众提供尽可能多而且便利的形式去发表观点并能够在政府、项目拟议者和公众之间以及不同的利益相关者之间进行信息的交流。

其次，鉴于目前公众在矿产开发中参与环境管理和保护的程度稍高，立法机关应该进一步完善环境权的相关立法促进公众在该领域中的积极参与。环境权作为公众参与环境保护的基础应该在宪法和环境保护基本法中进行明确的规定。为了更好地进行矿山环境管理，应该完善矿山地质环境管理的法律法规。世界银行指出，一个好的矿业政策中应该包

阶梯	解释
委派/指定权威	委派/指定权威 发起者：能使公民履行责任，他们最有条件接受公民转移给他们的资源和决策 公民：承担责任和执掌权威 第三方：鼓励将权力下放给那些最有条件并负责地使用它的人
合作/协作	合作/协作 发起者：使与那些最有条件使用它的人共享资源和共同决策 公民：获得资源和权威而无须接受完全的责任 第三方：实现对整体利益的创造性协同
参与	参与 发起者：使公民积极参与，以提高参与质量和尽可能地扩大决策所有权 公民：积极相助并尽可能地对于他们得到分享的决策施加影响 第三方：提高决策的质量、包容性和可持续性
咨询	咨询 发起者：在具体政策或建议上获得反馈 公民：提供反馈以期影响政策或建议 第三方：通过那些可能受影响的人审查完善政策或建议
信息供给	信息供给 发起者：增加公民对政策或建议的认识 公民：了解政策或建议以备有条件时发挥影响 第三方：提高公民对可能影响他们利益的政策或建议的意识和理解，授权他们进一步参与
研究/数据收集	研究/数据收集 发起者：收集有关态度、观点、偏好的信息以助形成政策或建议 公民：促成一个公民观点的集体描述；最低限度的个人参与 第三方：促使政策或建议建立在了解公民观点的基础之上

图5.1　公众参与的阶梯

（据蔡定剑，2009b）

括环境政策，其中应该设立一个国家环境行动规划，明确规定包括信息披露和公众磋商的环境监控和强制执行程序（Paulo de Sa，2005）。新修订的《中华人民共和国矿产资源法》仅规定了编制矿区生态修复方案阶段公众参与的原则要求，这是远远不够的，因此应出台相关办法，具体规定矿产开发中公众参与的内容，包括矿山开发项目的环境影响评价，其中详细规定公众参与的内容，规定公众从矿床勘探到矿山闭坑全程参与的途径和方式等具体内容。其中公众参与矿山环境保护的角色定位、享有的具体权利，参与的程序及效力应该界定清楚。尤其是公众参与效力的确定至关重要。将公众对矿业企业环境保护表现的评价作为企业能否获准从事或继续矿业开发活动的前提条件。这样一来，一方面促使企业更加重视公众在矿山环境保护中的参与，促使其主动欢迎公众对其环境表现进行监督。另外一个方面，当公众认识到自己的参与会发挥实质性的作用，自己的参与对本人及后代的生活环境改善有决定性的影响时，公众的参与热情也会被极大地调动起来。

再次，为了保障公众在矿产开发中其他事项中的参与，应该逐渐将包括社会影响评价在内的综合性环境影响评价逐渐引入矿业项目审批的必备条件，而且社会影响评价应该作为贯穿矿山开发全过程的管理工具对矿产开发活动造成的社会影响进行评估并采取相应的减缓措施。

最后，实现公众参与权的前提在于信息公开制度的确立。结合矿业开发的特点，应出台相关立法，规定矿业开发每个具体阶段中政府部门应该向公众披露的信息。针对公众个人要求政府或企业提供环境等信息的问题，未来的立法中应予以明确。而且为了增进公众参与的透明度可以在立法中规定矿产企业定期向主管机构提交相关的信息和报告，报告中必须包含有公众意见和建议。通过这样的强制性规定使矿产开发企业承担吸收公众参与的义务。

5.2.2 政府增强服务意识

在公众参与矿产开发方面，政府部门尤其需要由“管理型”模式转向“服务型”模式，构建服务型政府。首先政府工作人员应该树立服务意识，抛弃政府权力本位和公民义务本位的传统观念。公众参与机制的建立，使公众能够参与到矿产开发的管理和决策之中，帮助政府解决在矿山环境等决策和管理中的困难，并促进决策的科学化和民主化。在公众参与的具体实施中政府应该做好服务工作，为公众进行有效参与提供相应的便利和条件，为公众参与矿产开发提供相应的服务工作。例如，针对目前我国公众参与度不高的实际情况，政府部门应结合我国的国情采用多种方式深入到矿山周围的社区广泛地向公众进行宣传和指导，提高公众的参与意识。而且政府可以设立一系列激励机制为公众参与提供一定的物质保障。

其次，政府工作人员还应树立责任意识。政府善治在服务行政方面的一个要求在于政府的“回应性”，即公共管理人员和管理机构应该对公民的要求进行及时和负责的反应。如果政府部门及其工作人员没有尽到应有的责任，应该追究相关人员的责任。举例来讲，如果公众向有关部门索取信息，按照法律规定政府部门应该披露而拒绝提供给公众时，就应该有相应的机制追究有关人员的责任。

5.2.3 提高公众的参与意识和权利意识

公众参与主体对公众参与认识不足会导致公众参与的不充分甚至形式主义。宣传教育是提高公众的参与意识、权利意识和参与质量的有效途径，对公众进行参与能力培养就是实现有效公众参与的关键环节。

宣传教育包括各种各样的环境教育：学校环境教育、群众环境教育等，在矿产开发领域，应有针对性地开展相关环境教育。利用矿山公园作为环境教育的重要素材，同时通过公众在矿山公园亲自体验矿产开发作业活动，更好地理解矿产开发活动会带来的环境问题，使公众能够更好参与矿山企业运营中的环境管理。公众参与权利意识培育需要政府、非政府组织和其他团体的共同努力。如前所述，很多国家的政府部门，尤其是矿业主管部门为了鼓励公众在矿产开发中的参与公布了公众参与矿产开发的相关指南，明确告知公众应该享有什么样的参与权利以及如何实现这些权利。一些国家的矿业协会积极行动，发布很多文件详细解读公众的参与权，并通过与学校、矿业公司和社区等各方的联络与协作，开设公众参与课程，增强矿产开发过程中各类利益相关者的参与能力。

公众参与中的所有角色都需要能力培养，能力培养就是对各类角色的授权使他们能清楚地充分地了解公众参与的目标并采取具体的行动来实现这个目标。成功的公众参与需要不同层次的能力培养，如技术信息的提供、倾听和协商技能的培训以及对矿产行业、地方政府机构、非政府组织、社区及其公众的参与能力培养。公司管理层和政府官员需要通过参加公众参与的培训课程和研讨会等形式充分了解公众参与在决策中的增值性质。非政府组织、其他团体和社区代表等人群也需要经过培训充分了解公众参与是怎样充实各种决策的。不过，这里还是要再次提及公众参与的效力，如果各方利益相关者能够发现自己的参与对决策结果有影响，这一方面会促使他们更好地介入各种参与程序，另外一个方面也会促进各方接受能力培养的积极性。在公众参与的能力培养方面，政府、矿业公司和非政府组织可以发挥互相协助、互相补充的关系。例如，对于一些弱势群体如文盲、妇女等的培训方面，政府应该起主导作用，而矿业公司应该协助政府进行培训。非政府组织在地方政府官员、矿业公司员工、社区公众以及本组织成员的能力培养方面都可以发挥作用。

5.2.4 逐步完善信息披露制度

为了实现矿产开发中的公众参与需要向公众全面介绍矿产开发不同阶段的相关信息，理想的方式是建立系统的信息公开机制保障公众的知情权和参与权得以实现。信息的披露尽量采取简单易懂的词语，尽量少用或不用专业性的词汇。因为很多矿业项目所在地区都处于比较偏远的地方，利益相关者的文化程度可能较低，采用简单明了的表达方式易于这些人群理解相关信息，有利于实现积极的参与。

矿业项目的规划、环境影响评价和环境影响监测如果要有效进行的话，信息的可靠度非常重要，因此相关信息的收集和解释最好由合格可信的专业人士进行。政府应该努力使信息收集和分析标准化，并在时机成熟的情况下建立对所有利益相关者开放的数据库网络。而且，为了便于公众参与，环境行政主管部门和矿业部门应向公众公布环境政策、办事程序等，使公众能够有能力进行有意义和有效地参与。矿业企业的环境信息披露应规范化。尽管目前全球还没有矿业企业披露环境信息的统一标准，很多跨国矿业公司按照全球报告倡议（Global Reporting Initiative）的指南每年披露自己的可持续报告，对企业在环境管理、健康与安全、员工问题等方面的具体情况进行说明。现代矿业的一个重要特征就是利用独立的市场化第三方专业中介机构服务于矿业，服务的主要内容之一就是对矿业企业的监测。国际上成熟的矿业国家，任何矿业公司的矿业管理数据和执行情况，都必须通过独立的评估机构审核，才能作为矿管材料报送政府机关备案。市场化的独立评估机构成为矿业的重要监督力量。政府监督管理部门主要负责抽查矿业企业以及独立评估机构，这样做就大大减少了政府监管部门直接与矿业企业的接触。一方面，独立评估机构的报告作为重要的监管资料和数据公布于众，增加了矿业管理的透明度，解决了矿业企业自我汇报体系容易造假的体制性问题；另一方面，通过政府监管部门与独立评估机构之间的服务和监管的双层关系，避免了政府监管机构直接面对矿业企业的寻租风险和行政责任（中国社会科学院报告，2009）。

矿业企业发布年度可持续报告的实践没有统一的标准。而作为利益相关者的矿业企业掌握着最详细最真实的数据，所以企业在信息披露方面的努力和诚意直接影响到公众参与的效果。从制度设计的角度，我们建议应该启动对矿山的独立审计——独立的环境审计可以允许所有的利益相关者和公众对审计结果进行核实，而这又能够相应地促进矿山的管理。通过独立审计，矿业公司可以大大提高他们报告的可信度。在实施这种独立审计时需要注意以下几个方面：矿业公司仅仅为审计提供资金，他们不应该参与选拔审计员或监督审计过程；为了公正起见，审计员不应该与矿业公司联系，审计员应该对社区、非政府组织和公众负责；审计应该关注经济、社会和环境三个方面的因素；审计员应将审计结果公开；在运营对环境和社会造成不当的损害影响时，当地社区和受影响的各方应有权要求进行应急环境审计。总之，为了应对矿业发展的新形势，我国应该在借鉴已有先进经验的基础上结合中国矿业企业的具体情况，研发出适合我国矿业企业的披露模式，促进我国公众在矿产开发中的参与。

5.2.5 增强整个矿产行业的社会责任意识

目前，有些矿业公司的社会责任意识比较强，行动比较积极，但是从整个矿产行业来说，还有很大的改善空间。为了增强矿业公司的社会责任意识，需要建立利益相关者治理模式。“利益相关者”治理模式其实就是一种“共同治理”模式，它是指各利益相关者共同参与公司治理，形成相互制约的公司治理机制。对于矿业公司来讲，由于其矿业开发活动对矿山周边社区及公众造成的影响比较明显，因此将不同利益相关者引入公司的治理机制，发挥政府的引导与监督机制并且允许矿山周边社区及公众参与矿产开发的决策和管理。在制度配套方面，对矿业公司实行“绿色准入”，也就是说，只有那些在节约资源、保护环境、维护生态平衡和提高人们生活质量等方面表现良好、承担了自己社会责任的矿业公司才能进入市场进行交易。

为了实现这个目标需要各方利益相关者的共同努力，例如，我国应该完善相应的立法，对公司社会责任概念进行明确，并对不承担社会责任的行为规定相应的问责制度，为利益相关者提供相应的救济措施。同时还可以通过一些制度安排鼓励矿业公司承担责任，如对于承担社会责任，属于优秀社会主体的矿业公司在税收或政策方面给予相应的优惠。

矿业公司通过自治性的规则和国际标准自愿承担社会责任。如社会责任国际组织1997年制定的企业社会责任国际标准，国际标准化组织制定的环境管理系列标准等。非政府组织可以通过自己的宣传和游说等活动对不承担社会责任的矿业公司施加压力，迫使公司改变其不适当的行为及政策，并最终承担起自己应该承担的社会责任，为绿色矿业的实现做出积极的贡献，实现矿产开发的环境效益、经济效益和社会效益。

在矿业公司的具体运营中，公司应该将社区发展和参与作为公司可持续发展和公司社会责任框架的一部分。系统地开展社会影响评价，在界定了社区的发展需求之后制定公司的社会投资计划，并对计划的实施进行监督和审查，确保社会投资能够为矿业公司和社区的发展产生“净效益”。在公司的承诺、政策、标准和程序中将社区发展和社区关系制度化，并任命专门的社区职业专家具体处理社区发展和社区关系工作，履行矿业公司的社会职责。

5.2.6 鼓励非政府组织在矿产开发的公众参与中发挥更积极的作用

非政府组织在促进公众参与矿产开发中所发挥的作用应该包括如下几个方面：促进政府、矿业公司和公众之间的合作，作为矿产开发所涉各方利益相关者之间进行密切联系的纽带；培养公众的环境意识和参与意识，促进矿业公司可持续发展意识和社会责任感的提升。在一个具体的矿业项目中，非政府组织应该编写受影响社区的历史背景和环境条件，并把该信息向矿业项目组公开同时接受公众意见；将相关法律整理出来并向公众公开；非政府组织的一个重要作用就是启动环境调研计划（这些计划的重点应该在于矿业活动对自然环境、社会和经济环境的影响方面并且应该通过该计划争取让矿业公司做出可持续发展的承诺）；非政府组织的独立专家（同矿业公司、行业协会等没有任何联系）应该对所有矿山包括已关闭矿山进行独立的调研（包括社区参与矿业项目在内的所有矿山环境问题都应该进行彻底的调研）；在整个矿产开发的全过程中非政府组织都可以为政府、矿业公司和公众之间的信息流动和沟通搭建平台。为了培养非政府组织参与决策程序的能力，政府一方面提供资金支持、法律保障，另外一方面创设一种法律框架鼓励非政府组织的设立并鼓励它们在公共事务中的积极和有建设性地参与。在法律上确立社会团体的法律地位、环保功能，增强社团在环境监督、环境纠纷的解决等方面的效能。作为矿业公司来讲，为了鼓励非政府组织在促进公司改善环境、社会和经济绩效，矿业公司可以对这些组织的工作进行资助并促进对话和环境能力培养；矿业公司应在其活动中鼓励非政府组织的参与；矿业公司应该与环境和矿业非政府组织开展全国环境审计论坛。

另外，还应该注重社区自治能力的培养，重视社区组织的发展。社区领导和团体需要充分了解可持续发展问题和环境正义并增强对所分配矿业收益的使用能力。他们需要在信息获取、预防原则和公众参与核心原则方面得到指导，以便他们更好地游说和鼓励矿业的可持续发展实践。

5.2.7 重新架构矿业收益分配，矿山所在地方更多参与矿业收益分配

如今，矿产开发从以利润为核心向以人为中心转变。政府、矿产行业、公民、社会、地方社区及其他利益相关者之间需要形成新的合伙关系。进入21世纪以后很多国家陆续进行财政体系改革，随着人们越来越关注可持续发展和矿业活动对当地社区及公众的影响，财政分权的问题就越发突出。关注财政分权的原因有一部分在于使矿业活动对利益相关者和环境产生的影响能够同在更广泛的可持续发展的框架内减缓这些不利影响的财政资源相匹配，过去很多政府处理这种分配挑战的方法是通过预算程序，但是这种程序有时不能充分有效地将资金导向受矿业活动影响的社区、利益相关者和生态系统（James M. Otto，2001）。有一些指南、实践规则、行业自愿承诺等被起草或实施来促进矿业开发在地方层次的社会和发展事项中有所作为。但是，要实现这种转变还需要更多的努力，例如在国家层面上应该制定相应的政策和法律规章促进地方企业、社区和其他利益相关者在矿业活动中的公平参与，而且应该开发相应的方式提高矿业收益在地方的分配比例。这样的方式包括：优先雇用当地劳工、优先采购和使用当地企业的货物和服务、为当地社区提高基础设施、将矿业收益分配给地方社区、地方社区分享国家财政收入等。在加纳，从1993年起开始设立的矿产开发基金（Mineral Development Fund）提供了一种机制，借助该机制支付给中央政府的权利金有一部分会分配给当地社区。根据该基金，中央政府收取的权利金有9%将归于地方社区，由区议会（District Assembly地方行政单位）和当地传统当局共同分享。矿产开发基金也为一些矿业活动导致的特定问题提供资金，不过这需要提交相应的申请。另外，根据总的国家收入分享计划——区议会共同基金（the District Assembly Common Fund），该国所有的区议会包括矿区的区议会都可以共同分享中央政府所有收入的5%。这样就有更多的矿业收益返回到矿山所在社区（Economic Commission for Africa，2004）。哥伦比亚《宪法》规定，开采不可再生自然资源必须向国家缴纳权利金。权利金全部归地方所有，47.5%归开采活动所属部门、12.5%归所属市、8%归港口市，从这一比例可以看出，开采活动管理部门与所属地方是权利金收益的最大受益者，8%是对矿业活动所涉及的港口管辖部门的经济补偿。但是，中央政府并不实际享受权利金收益。各受益部门必须事先在发展规划中详细说明权利金收益的用途，必须优先用于开展环境卫生、教育宣传与公共设施建设等事项。剩余的32%设立为国家权利金基金（NRF），在全国范围内，特别是未开展矿业活动地方和港口城市之间进行分配，主要用于促进这些地区的矿业发展、生态环境保护、区域项目融资（包括开发相关产业）等（曹霞，2009）。

为了使矿业为可持续发展做出贡献，必须在政府部门、矿业企业和当地利益相关者之间形成三方合伙关系，通过矿业收益的重新分配、决策权的下放使矿山社区能够参与到矿产开发的决策和自身发展中。完善矿产资源开发利益分配机制。矿业权有偿使用的收入要更多地向地方、向基层、向农村、向社会事业倾斜，主要用于改善人民群众的生产生活条件；中央取得的收益，要取之于矿、用之于矿，主要向矿产资源开发地区和中西部地区倾

斜。我国目前执行的矿业权出让收益中央与地方分享比例确定为4∶6，矿业权占用费中央与地方分享比例确定为2∶8，且现状矿产资源补偿费并入资源税，矿产资源税收入全部为地方财政收入。这样一方面增加地方的财政收入，使资源所在地能从矿产收益中获得更多的收益，促进地方政府对资源的开采和保护，有利于地方的可持续发展。另外一方面从价计征方式能够有效地反映资源价格变化，真正实现矿产资源资源税调节级差收入的功能。

为了对矿区土地被占和矿产资源开发造成的当地社区环境负外部性负担进行弥补，需要在资源税的使用方向上进行明确的规定，并需要权衡资源开发与矿区周围社区公众利益补偿的问题。例如，可建立刚性制度约束，将资源税的一部分用于矿区生态补偿和对矿区周边民众的直接利益补偿。在矿区生态补偿方面应建立严厉的监督和问责机制，地方政府在保护资源可持续利用和保护矿区生态环境方面的责任必须界定清晰，并有相应的监督和问责制，利于使地方政府在该领域的职责得到贯彻实施。在地方获得的矿业权出让收益和矿业权占用费应按一定比例安排给矿山所在地的乡、村两级，用于矿产资源所在地的环境保护、发展地方经济和改善人民群众的生产生活条件和基础设施等公益性建设。

除了在国家各级政府之间重新分配矿业收益，为了鼓励矿业公司在日常运营中考虑到环境、受影响利益相关者的需求以及可持续发展问题，国家在财政方面对公司进行一些激励是必要的。如果公司在矿业活动发生地处理上述问题的费用在国家的财政体系中有所考虑则公司处理这些问题的意愿就会有所增强。例如，可以将这些费用作为公司的成本从公司的税收义务中进行抵消或扣除，这样公司可能会更愿意主动承担其对当地社会、环境和可持续发展的义务。例如美国科罗拉多州的开采税抵免计划规定能源公司支付给学校和地方政府的地方财产税的87.5%可以从州开采税中扣除，有学者建议美国联邦政府借鉴科罗拉多州的做法，将矿业公司支付给地方政府机构或州政府机构社会经济或环境影响减缓费用从公司应付的权利金中进行抵免。这有利于向地方政府预付社会经济基金（Jim Evans，Julie Justus，and Cordilleran Compliance Services，Inc.，2006）。

5.3 本章小结

本章结合第四章中有关澳大利亚、南非和中国公众参与实现程度的评价结果，分析了中国矿产开发中公众参与的实现机制中存在的不足，主要包括：法律规定不完善，对公众的环境教育和参与能力培养不足，我国非政府组织发挥作用有限，政府的服务意识有待提高，矿业公司的社会责任担当有待加强，矿产开发信息披露制度不全面以及矿业收益分配制度不利于矿区公众分享矿业收益。在此基础上，本章提出了完善我国矿产开发中公众参与实现机制的具体建议，包括：完善立法，政府增强服务意识，提高公众的参与意识和权利意识，增强整个矿产行业的社会责任意识，逐步完善信息披露制度，鼓励非政府组织在矿产开发的公众参与中发挥更积极的作用以及重新架构矿业收益分配。

6 结 论

6.1 主要结论

本书对影响矿产开发决策和管理中公众参与实现的因素进行了分析总结，提出了矿产开发中公众参与的理想模型，并结合这些因素和模型设计了评价矿产开发中公众参与程度的指标体系。对照指标体系，对澳大利亚、南非和中国矿产开发中的公众参与程度进行了比较分析，并指出了我国现有的公众参与机制中存在的不足，进一步给出了具体的改善建议。本书的研究结论总结如下：

（1）矿产开发中的公众参与是可持续矿业的具体要求，也是矿业未来发展的一个趋势。联合国、世界银行和一些国际矿业协会出台了一系列指导矿产开发中公众参与的文件并付诸实践，美国、澳大利亚和加拿大等矿业大国在国内立法和行业实践中也对公众参与进行了具体的要求。

（2）我国矿产开发中的公众参与刚刚起步，虽然有零星的成功经验，但总体状况并不理想。而且当前矿产开发中的公众参与在环境领域比较多，在社会领域和经济领域涉及比较少。

（3）矿产开发中公众参与的实现需要各方利益相关者的密切合作，应贯穿于矿产开发的整个生命周期中，同时参与能力培养制度、信息保障制度和权利救济制度的建设也必不可少，而且为了实现公众参与矿产开发收益，对现行税费制度的改革应该提上议事日程。

（4）本书将构建的评价矿产开发中公众参与程度的指标体系应用于对澳大利亚、南非和中国公众参与程度的比较所得出的结果表明，该指标体系是有一定的应用价值的。

6.2 研究展望

矿产开发中的公众参与在我国的研究还较少，需要理论工作者和实践者进行更多的探索，进一步构建我国矿产开发中公众参与的框架和体系，对其中的知识点不断进行细化和深化。未来需要进一步研究的方面有如下几个：

（1）我国当前有关公众参与的研究主要集中在环境影响评价过程中，研究具有一定的片面性，在可持续矿业发展的背景下，现代矿业越来越强调“以人为本”，公众在矿产开发的环境、社会和经济事项中的参与应该得到越来越多的重视，未来关于矿产开发社会和经济事项中的公众参与应该引起重视，构建矿山开发全周期中公众参与的整体框架。

（2）当前我国矿产开发中公众参与的参与计划设计和实施还没有形成体系，对实施公众参与的人员也没有具体的标准要求，未来应该加强这些方面的研究，推动我国公众参与工作的科学化和从业人员的职业化。

（3）本书构建的评价矿产开发中公众参与程度的指标体系还比较粗糙，在以后的研究中还需要对该体系中具体指标的设定、评价方法等进一步细化，需要进行更多的实地调研，在此基础上设定更科学的指标体系。

参考文献

澳大利亚工业、旅游和资源部. 2007. 尾矿管理. http://www.ret.gov.au/resources/Documents/LPSDP/LPSDP-TailingsChinese.pdf.

蔡定剑. 2009a. 公众参与—风险社会的制度建设. 北京：法律出版社.

蔡定剑. 2009b. 公众参与—欧洲的制度和经验. 北京：法律出版社.

蔡守秋. 2005. 环境公平与环境民主：三论环境资源法学的基本理念. 河海大学学报（哲学社会科学版）（3）：12–17，39.

程雨燕. 2008. 加拿大战略环境影响评价的经验及局限性. 岭南学刊，121–124.

崔秀娟，马驰远. 2007. 就公民环境权立法问题访中国法学会环境资源法学研究会会长蔡守秋. http://www.chinalawsociety.org.cn/person/shownews.asp?id=139.

曹霞. 2009. 国外矿产开发中资源生态环境补偿法律机制管窥. http: //www.legalinfo.gov.cn/index/content/2010-04/23/content_2123155.htm?node=7879.

段玉虎，李赋. 2002. 国际上的权利金管理制度. 国土资源：54–55.

国际行动援助中国办公室. 2007. 善治：以民众为中心的治理. 北京：知识产权出版社.

国土资源情报. 2009. 科学架构，拓宽渠道，建立矿产资源开发管理决策支持系统[OL]. http: //china.toocle.com.

国务院新闻办公室. 2003. 中国的矿产资源政策白皮书. http: //www.mlr.gov.cn/zt/whitepaper/zgkczcwhitepager.htm.

何包钢. 2008. 协商民主：理论、方法和实践. 北京：中国社会科学出版社.

何金祥，李茂. 2007. 美国国土资源与产业管理. 北京：地质出版社.

何霜梅. 2009. 善治视野下的公民参与. 中央社会主义学院学报：69–72.

胡魁. 2001. 中国矿业城市基本问题. 资源·产业，8–10.

加拿大自然资源部. 1996. 加拿大联邦政府的矿物与金属管理政策：通过合作伙伴关系，促进可持续发展[OL]. http: //www.nrcan-rncan.gc.ca/mms-smm/poli-poli/pdf/policy-chi.pdf.

姜明安. 2005. 新世纪行政法发展的走向. // 法苑精华编辑委员会. 中国行政法精粹. 北京：机械工业出版社，27–28.

佩特曼 卡罗尔. 2006. 参与和民主理论. 上海：上海人民出版社.

科恩. 1988. 论民主. 北京：商务印书馆.

罗娜 科诺，米根 思恩，刘静玲，等. 2009. 可持续发展实用工具与案例：环境评价卷. 北京：中国环境科学出版社.

矿业情报局. 2023-05-08. https: //xueqiu.com/8213209383/231489784.

李海婷. 2021. 中外矿山环境规制措施对比研究. 中国矿业，30（S2）：95–98.

李楯. 2008. 听证：中国转型中的制度建设和公众参与. 北京：知识产权出版社.

李霞. 2010. 跨国公司中国式环境信息公开的困局. 中国新时代：36–37.
李挚萍. 2006. 环境法的新发展—管制与民主之互动. 北京：人民法院出版社.
刘杰. 2005. 知情权与信息公开法. 北京：清华大学出版社.
娄洁，包万平. 2022. 美国环境教育立法及启示. 世界环境：74–76.
达尔 罗伯特. 1999. 论民主. 李柏光，林猛，译. 新北：联经出版事业公司.
加格瑞勒 罗伯特. 2009. 完全代表权、协商与公正 // 埃尔斯特 约. 协商民主：挑战与反思. 周艳辉，译. 北京：中央编译出版社：258–276.
洛阳栾川钼业集团股份有限公司. 2023-06-10. 社会责任，https：//www.cmoc.com/html/SustainableDevelopment/CSR/2.html.
吕雁琴，李旭东，宋岭. 2010. 试论矿产资源开发生态补偿机制与资源税费制度改革.税务与经济：80–84.
马军. 2008. 环境保护与公众参与. http://news.qq.com/a/20080325/001567_1.htm.
马伟. 2008. 矿产资源税收问题研究—基于可持续发展的税收制度优化. 北京：中国税务出版社.
马衍伟. 2009. 中国资源税制改革的理论与政策研究. 北京：人民出版社.
莫吉武，杨长明，蒋余浩. 2009. 协商民主与有序参与. 北京：中国社会科学出版社.
南生观察室. 2022. 新现象！美国GDP中，制造业正在加速回归，2021年占比升至11.15%，https: //www.163.com/dy/article/H3QAFJJJ0517BT3G.html.
牛魁斌，刘金铜，李志祥，等. 2009. 河北省矿区生态工程与土地复垦研究. 北京：气象出版社.
Ribot J C. 2006. 自然资源的民主分权：民众参与的制度化. 郭广荣，编译. 林业经济：68–71，74.
沙金龙，许飞，张文新. 2022. 构建我国废弃矿山生态修复公众参与机制研究.中国矿业，31(3)：49–53.
社科院报告. 2009. 中国矿业发展五大观念亟须转变. http: //www.cio360.net/Page/1797/InfoID/299215/SourceId/11227/PubDate/2009-07-27/Default.aspx.
石门县非税收入征收管理局. 2009. 探矿权采矿权价款征管情况的调查. http: //www.cdfs.gov.cn/art/2009/11/2/art_18438_276323.html.
树远. 2008. 塔山不哭——山西省襄汾县陶寺乡塔山矿区9.8特大尾矿库溃坝事故追踪.湖南安全与防灾，10(169)：28–32.
宋国明 . 2010. 解读印度尼西亚新矿法.国土资源情报(6)：9–13.
宋克勤. 2004. 矿山开采环境保护设计 // 姜建军. 矿山环境管理实用指南. 北京：地震出版社，52–79.
王凤. 2008. 公众参与环保行为机理研究. 北京：中国环境科学出版社.
王凤岐. 2004. 矿山环境保护与社区关系 // 姜建军. 矿山环境管理实用指南. 北京：地震出版社，154–168.
王浦. 2018. 中国矿业报. https: //www.mnr.gov.cn/dt/ywbb/201810/t20181030_2278532.html.
王锡锌. 2008. 公众参与：参与式民主的理论想象及制度实践. 政治与法律(6)：8–14.
王新，沈欣军. 2009. 资源与环境保护概论. 北京：化学工业出版社.
吴勇. 2009. 专门环境诉讼环境纠纷解决的法律新机制. 北京：法律出版社.
新疆维吾尔自治区财政厅. 2008. 矿产加工企业税收返还资源产地不包括石油和天然气 // http: //www.taxguide.com.cn/bencandy.php?fid=38&id=138355.
信海光. 2010. 透视紫金矿业瞒报的利益链 // http: //szsb.sznews.com/html/2010-07/16/content_1156591.htm.
徐曙光. 2004. 对澳大利亚矿业部门可持续发展的认识. 国土资源情报(12)：32–36.
杨帆. 2022. 上市公司社会责任会计信息披露问题研究——以煤炭行业为例. 中国农业会计(8)：33–34.

杨慧丽，付梅臣. 2016. 采矿用地复垦促进机制探讨. 中国土地(2)：29–31.

阳秋林，周新颖. 2011. 我国煤炭行业上市公司社会责任会计信息披露分析，12(1)：43–46.

杨永均，Peter Erskine，陈浮，等. 2020. 澳大利亚矿山生态修复制度及其改革与启示. 国土资源情报(2)：43–48.

杨自业，尹开国. 2010. 利益相关者视角下公司社会责任与治理机制研究. 财会通讯(2)：54–55.

印尼矿业开发与投资环境. 2007 // http: //www.stone365.com/news/shownews.asp?id=8511.

俞可平. 2009. 国家治理评估：中国与世界. 北京：中央编译出版社.

俞可平. 2000. 治理与善治. 北京：社会科学文献出版社.

张焕杰，张治康. 2010. 和谐矿山建设中的社区磋商和公众参与. 矿产保护和利用(1)：9–12.

张晶晶. 2019. 公民环境权与参与式环境治理研究. 武汉大学.

张晏. 2021. 环境影响评价公众的界定和识别：兼评《环境影响评价公众参与办法》的相关规定. 北京理工大学学报(社会科学版)，23(1)：127–136，188.

赵军伟，郭敏，张亮. 2020. 绿色矿山建设过程中的公众参与. 中国国土资源经济，33(8)：47–52.

郑巧，肖文涛. 2008. 协同治理：服务型政府的治道逻辑. 中国行政管理(7)：48–53.

中国矿产资源税费制度改革研究课题组. 2008. 中国矿产资源税费制度改革研究. 北京：中国大地出版社.

中国经营报. 2008. 投资南非 办企业也要办学校 // http: //finance.jrj.com.cn/2008/12/0623442979212.shtml.

中国石油天然气集团有限公司. 2022. 2021企业社会责任报告 // http: //csr.cnpc.com.cn/cnpccsr/xhtml/PageAssets/2021csr_cn.pdf.

中国五矿集团有限公司. 2022. 2021可持续发展报告 // http: //www.minmetals.com.cn/kcxfz/zrbg/202206/P020221203630520118648.pdf.

周国梅，周军. 2007. 建立社区公众对话机制是解决环境问题的制度创新. 绿叶(10)：32–35.

朱慈蕴，吕成龙. 2022. ESG的兴起与现代公司法的能动回应. 中外法学，34(5)：1241–1259.

朱令昌. 2022. 非政府组织在新时代中国的发展状况研究. 国际公关(13)：52–54.

褚松燕. 2022. 环境治理中的公众参与：特点、机理与引导. 行政管理改革(6)：66–76.

驻南非共和国大使馆经济商务处. 2023. 2022年南非矿业产值再创纪录，http://za.mofcom.gov.cn/article/jmxw/202302/20230203383602.shtml.

紫金矿业集团股份有限公司. 2022. 2021年环境、社会及管治(ESG)报告 // https：//www.zjky.cn/upload/file/2022/03/18/918015764359471fbbfbc586fa13006f.pdf.

左才. 2022. 公众参与：中西理论与实践比较.中央社会主义学院学报(1)：57–67.

2008. 报喜不报忧，一些企业可持续发展报告变味成广告. http://news.xinhuanet.com/mrdx/2008-10/11/content_10178413.htm.

A M Esteves. 2008. Evaluating community investment in the mining sector using multi-criteris decision analysis to integrate SIA with business planning. Environmental Impact Assessment Review. 28：338–348.

Amy Rosenfeld Sweeting，Andrea P. Clark. 2000. Lightening the Lode：A guide to responsible large-scale mining. http: //www.conservation.org/sites/celb/Documents/lode.pdf.

Australian and New Zealand Minerals and Energy Council，Minerals Council of Australia. 2000. Strategic Framework for Mine Closure. http: //www.ret.gov.au/resources/Documents/mcmpr/Strategic_Framework_for_Mine_Closure.pdf.

Australian Education Ministers. 2008.12 The Melbourne Declaration on Educational Goals for Young Australians. http: //www.curriculum.edu.au/verve/_resources/National_Declaration_on_the_Educational_Goals_for_Young_Australians.pdf.

Australian Mining Association. Australian Minerals Industry Code for Environmental Management 2000 Code Implementation Survey. http: //www.minerals.org.au/__data/assets/pdf_file/0011/4601/2001CIS.pdf.

BHP Annual Report. 2022. https: //www.bhp.com/sustainability.

Bowes-Lyon L M, Richards J P, McGee T M. 2009. Socio-economic impacts of the Nanisivik and Polaris Mines, Nunavut, Canada[M]. // Richards J P. Mining, society, and a sustainable world. Berlin, Heidelberg: Spring-Verlag: 371-396.

Cameco. 2016. Athabasca Basin Communities Renew Partnership with the Uranium Mining Industry. https: //www.cameco.com/media/news/athabasca-basin-communities-renew-partnership-with-the-uranium-mining-indus.

Canadian Institute for Environmental Law and Policy. 2000. Mining's many faces-environmental mining law and policy in Canada. http: //www.cielap.org/pdf/mining.pdf.

Catherine Driussi, Janis Jansz. 2006. Pollution minimization practices in the Australian mining and mineral processing industries, Journal of Cleaner Production. 14(8): 673-681.

Christopher H. Foreman J R. 1998. The promise and peril of environmental justice. Brookings Institution Press.

Commonground.2005. A one stop participation guide. a handbook for public participation in environmental assessment in South Africa. http: //siteresources.worldbank.org/INTRANETENVIRONMENT/ 1705772-1177181681657/21309009/CalabashPublicParticipationHandbook.pdf.

Common Ground, 2003: Pioneering new approaches in support of sustainable development in the extractive sector: a guide for the design of public participation processes. http: //www.worldbank.org.kh/pecsa/resources/guide_to_design_public_parti_process.pdf.

Community Relations. http: //www.minerals.org.au/environment/community_relations/index.html.

Conceptual briefing note-An introduction to public involvement. 1997. http: //www.unescap.org/esd/energy/publications/pi/part1.pdf.

David Laurence. 2006. Optimization of the mine closure process. Journal of Cleaner Production. 14: 285-298.

Deanna Kemp. 2010. Mining and community development: problems and possibilities of local-level practice. Community Development Journal. 45(2): 198-218.

Department of Minerals and Energy of South Africa. 1998. A Minerals and Mining Policy for South Africa. http: //www.dme.gov.za/minerals/min_whitepaper.stm

Dietz T, Stern P C. 2008. Public participation in environmental assessment and decision making[M]. The National Academies Press: 12-13.

Economic Commission for Africa. 2004. Improving Public Participation in the Sustainable Development of Mineral Resources in Africa. http: //www.uneca.org/eca_resources/Publications/sdd/public_participation.pdf.

Edith Brown Weiss, Stephen C. McCaffrey and Daniel Barstow Magraw. 2003. 国家环境法律与政策（影印版）. 北京：中信出版社，233-234.

Elizabeth Bastida, Thomas Walde and Janeth Warden-Fernândez. Kluwer Law International, 265-281.

Environment Australia. 2002. Overview of best practice environmental management in mining. http: //www.ret.gov.

au/resources/Documents/LPSDP/BPEMOverview.pdf.

Environment Protection Agency.1995a. Community consultation and involvement[OL]. http: //www.ret.gov.au/resources/Documents/LPSDP/BPEMCommunity.pdf.

Environment Protection Agency.1995b. Environmental management system[OL]. http: //www.ret.gov.au/resources/Documents/LPSDP/BPEMEMS.pdf.

Environment Protection Agency.1995c. Mine planning for environment protection[OL]. http: //www.ret.gov.au/resources/Documents/LPSDP/BPEMPlanning.pdf.

Environmental Law Institute. 2004. Prior informed consent and mining: promoting the sustainable development of local communities[OL]. http: //fnbc.info/sites/default/files/documents/Prior 20% Informed 20% Consent 20% and 20% Mining.pdf.

Esteves A M. 2008. Mining and social development: refocusing community investment using multi–criteria decision analysis. Resource Policy, 33 (1): 39–47.

Fiona Solomon, Evie Katz and Roy Lovel. 2008. Social dimensions of mining: Research, policy and practice challenges for the minerals industry in Australia, Resources Policy. 33: 142–149.

Fülöp S, Kiss C. 2001. Information availability: a key to building trust in the minerals sector[OL]. http: //www.iied.org/pubs/pdfs/G00672.pdf.

George (Rock) Pring and Linda Siegele. 2005. The law of public participation in global mining. In: International and comparative mineral law and policy–trends and prospects.

Gibson G. 2001a. Community information needs: access to information through the mining life cycle[OL]. http: //www.iied.org/pubs/pdfs/Goo669, pdf.

Ginger Gibson. 2001b. Building partnership: key elements of capacity building. In: http://pubs.iied.org/pdfs/G00538.pdf.

Government of Canada, Minerals and the economy, 2023–05–08. https: //natural–resources.canada.ca/our–natural–resources/minerals–mining/minerals–metals–facts/minerals–and–the–economy/20529#production.

Guerin T F. 2009. Application of stakeholder engagement and eco–efficiency as enablers of corporate responsibility in the Australian mining and minerals processing industry[M] // Richards J P. Mining, society, and a sustainable world. Berlin, Heidelberg: Spring–Verlag: 321–370.

Heledd Jenkins, Natalia Yakovleva. 2006. Corporate social responsibility in the mining industry: Exploring trends in social and environmental disclosure. Journal of Cleaner Production. 14 (3–4): 271–284.

Helen Cheney, Roy Lovel and Fiona Solomon. 2002. People, power, participation: a study of mining–community relationships. http: //www.minerals.csiro.au/sd/CSIRO_Paper_MMSDfinal_11–2–02.pdf.

Hilson G, Nayee V. 2002. Environmental management system implementation in the mining industry: a key to achieving cleaner production[J]. International Journal of Mineral Processing. 64: 19–41.

ICMM, the World Bank, ESMAP. 2005. Community development toolkit[OL]. http: //www.icmm.com/page/629/community–development–toolkit–.

IFC. 2007. Stakeholder Engagement: A Good Practice Handbook for Companies Doing Business in Emerging Markets. http: //www.odi.org.uk/resources/download/1436.pdf.

James M. Otto. 2001. Fiscal decentralization and mining taxation. http: //commdev.org/files/1403_file_Fiscal_

Decentralization.pdf.

Jim Evans, Julie Justus, and Cordilleran Compliance Services, Inc. 2006. Socioeconomic tools for oil shale-then and now. http: //www.club20.org/images/energy%20impact%20fund%20overview%2011-061.pdf.

John Donihee, Alastair R. Lucas. Canadian impact and benefit agreements with local and indigenous people. In: International and comparative mineral law and policy-trends and prospects. Elizabeth Bastida, Thomas Walde and Janeth Warden-Fernández.2005 Kluwer Law International, 713-726.

Kemp D, Boele R. 2006. Four generations of stakeholder engagement in the minerals industry[OL]. http: //www.minerals.org.au/_data/assets/pdf_file/0003/17643/CED.pdf.

Kwabena Mate. 2002. Communities, civil society organisation and the management of mineral wealth. http: //pubs.iied.org/pdfs/G00872.pdf.

MacDonald A. 2002. Industry in transition: a profile of the North American mining Sector [OL]. http: //www.iied.org/pubs/pdfs/G00592.pdf.

Minerals and Metals Sector of Natural Resources Canada. 2003. The social dimension of sustainable development and the mining industry (Background Paper) [OL]. http: //www.nrcan.ga.ca/amm-mms/poli-poli/pdf/sdsd-eng.pdf.

Minerals Council of Australia. 2000. Australian Minerals Industry Code for Environmental Management. http: //www.minerals.org.au/__data/assets/pdf_file/0009/4599/Code2000.pdf.

Minerals Council of Australia.2005. Enduring value: the Australian minerals industry framework for sustainable development[OL]. http: //www.minerals.org.au/__data/assets/pdf_file/0005/19832/EV_Guidance For Implementation_July2005.pdf.

Minerals Council of Australia.2010. The Australian minerals industry and the Australian economy. http: //www.minerals.org.au/__data/assets/pdf_file/0017/32804/Aus_min_industry_fact_sheet_March.pdf.

Mining Association of Canada.1994. The Whitehorse mining initiative leadership council accord. http: //www.nrcan.gc.ca/smm-mms/poli-poli/pdf/accord-eng.pdf.

Ministerial Council on Education, Employment, Training and Youth Affairs. 1999. The Adelaide Declaration on National Goals for Schooling in the Twenty-First Century. http: //www.mceetya.edu.au/mceecdya/adelaide_declaration_1999_text, 28298.html.

MMSD. Breaking New Ground. 2002. http: //pubs.iied.org/pdfs/9084IIED.pdf?

MMSD North America. 2002. Seven questions to sustainability: how to assess the contribution of mining and minerals activities[OL]. http: //www.iisd.org/pdf/2002/mmsd_sevenquestions.pdf.

Nathalie Ross, Bruno bond. 2007. A tool for building aboriginal-mining industry relationships and partnerships. http: //www.aemee.org.au/common/pdf/Ross_Nathalie2007.pdf.

Natural resources Canada. 2008. Aboriginal Engagement in the Mining and Energy Sector case studies and lessons learned, report to Energy and Mines Ministers. http: //www.nrcan-rncan.gc.ca/mms-smm/abor-auto/pdf/stu-etu-eng.pdf.

Natural resources Canada. 2003. The social dimension of sustainable development and the mining industry (a background paper) . http://www.nrcan.gc.ca/smm-mms/poli-poli/pdf/sdsd-eng.pdf.

Natural Resources Canada. 2010. Social and Community Issues Related to Mining. http: //www.nrcan-rncan.gc.ca/

mms-smm/high-poin/20100326b-eng.htm.

Otto J, Andrews C, Cawood F, et al. 2006. Mining royalties: a global study of their impact on investors, government, and civil society[M]. Washington. D.C.: The World Bank.

Patricia González. 2004. Distributing mining wealth through royalties. International Development Research Center. Mining royalties.

Paulo de Sa. 2005. Mineral policy: a world bank perspective. International and Comparative Mineral Law and Policy. Edited by: Elizabeth Bastida, Thomas Waelde, Janeth Warden. Kluwer Law International, 493–504.

PDAC, 2006. Mining Association of Canada and Canadian Aboriginal Minerals Association. Mining Information Kit for Aboriginal Communities. http://www.nrcan-rncan.gc.ca/mms-smm/abor-auto/pdf/kit-gui-eng.pdf.

Public participation guideline for stakeholders in the mining industry. 2002. first edition coordinated by the Consultative Forum on Mining and the Environment. Published by the Chambers of Mines of South Africa, Marshalltown. http://www.goodpracticemining.org/documents/jon/CMSA-PPGuide.pdf.

Rene Van Berkel. 2000. Integrating the environmental and sustainable development agendas into minerals education. Journal of Cleaner production. 8: 413–423.

Richardson R. 2003. Governing western mineral resources: the emergence of collaboration[J]. Natural Resources Journal, 43: 561–586.

Ricus Grimbeek. Health, safety and environmental legislation in South African mining and minerals industry. In: http://www.manganese.org/_data/assets/pdf_file/0004/81499/Grimbeek.pdf.

Sirolli E. Mining and community development: from rhetoric to practice[OL]. http: //magazine.mining.com/issues/1001/Vol03-01-MiningCommunityDevelopment-25-26.pdf.

South African Human Rights Commission.2005. Access to information guide. http: //www.southafrica.info/services/rights/information-030305.htm.

Synergy Global Consulting Ltd. 2007. Community development framework study for the mining sector in the Republic of Guinea-final report[R/OL]. http: //commdev.org/content/document/detail/1852/.

Terry O. Callaghan. 2010, Patience is a virtue: problems of regulatory governance in the Indonesian mining sector. Resources Policy. 35: 218–225.

Thabo Madihlala. 2002 The fox in the henhouse—the environmental impact of mining on communities in South Africa. David A. Mcdonald (ed.) Environmental Justice in South Africa. Ohio University Press, 157–167.

Thomson I, MacDonald A. 2001. Corporate communication standards, practice and issues access to information: a key to building trust in the minerals sector [OL]. http: //www.iied.org/pubs/pdfs/G00670.pdf.

Williams J P. 2005. Legal reform in mining: past, present and future[M]. // Bastida E, Walde T, Warden-Fernández. International and comparative mineral law and policy: trends and prospects. Kluwer Law International: 37–72.

World Bank and International Finance Corporation. 2002. It's not over when it's over: mine closure around the world. http: //siteresources.worldbank.org/INTOGMC/Resources/notoverwhenover.pdf.

附录1　专家打分表

表 1　矿业公司在矿产开发不同阶段公众参与中的权重及公司活动具体内容所占权重

矿产开发阶段	矿业公司在该阶段公众参与中所占权重（0～1之间）	公司在公众参与中的具体活动	所占权重（0～1之间）
矿床勘探阶段		信息发布	
		专门机构人员配置	
		投诉反馈机制	
		资金与培训支持	
矿山建设阶段		信息发布	
		专门机构人员配置	
		投诉反馈机制	
		资金与培训支持	
矿山生产运营阶段		信息发布	
		专门机构人员配置	
		投诉反馈机制	
		资金与培训支持	
闭坑复垦阶段		信息发布	
		专门机构人员配置	
		投诉反馈机制	
		资金与培训支持	

说明：第二列四项得分总和为1，第四列种公司在每个阶段中的四项活动内容得分总数为1。

表 2　NGO 在矿产开发不同阶段公众参与中的权重及活动内容所占权重

矿产开发阶段	NGO在该阶段公众参与中所占权重（0～1之间）	NGO在公众参与中的具体活动	所占权重（0～1之间）
矿床勘探阶段		信息发布	
		关系协调	
		教育培训	
		监督评估	
矿山建设阶段		信息发布	
		关系协调	
		教育培训	
		监督评估	

续表

矿产开发阶段	NGO在该阶段公众参与中所占权重（0～1之间）	NGO在公众参与中的具体活动	所占权重（0～1之间）
矿山生产运营阶段		信息发布	
		关系协调	
		教育培训	
		监督评估	
闭坑复垦阶段		信息发布	
		关系协调	
		教育培训	
		监督评估	

说明：第二列四项得分总和为1，第四列中NGO在每个阶段中的四项活动内容得分总数为1。其中表格中所说关系协调指非政府组织协调公众、政府部门和矿业公司之间有关信息获取与发布、参与权的实现等关系；监督评估指非政府组织对公众参与活动及效果等进行监督评估。

表3　政府在矿产开发不同阶段的公众参与中所占权重及公众参与法律的具体内容所占权重

矿产开发阶段	政府在该阶段公众参与中所占权重（0～1之间）	法律规定内容	所占权重（0～1之间）
矿床勘探阶段		公众参与效力	
		知情权	
		救济权	
		资金保障规定	
矿山建设阶段		公众参与效力	
		知情权	
		救济权	
		资金保障规定	
矿山生产运营阶段		公众参与效力	
		知情权	
		救济权	
		资金保障规定	
闭坑复垦阶段		公众参与效力	
		知情权	
		救济权	
		资金保障规定	

说明：第二列四项得分总和为1，第四列每个阶段中法律规定的四项内容得分总数为1。

表4　矿产开发不同阶段中的公众参与在矿产开发全过程的公众参与中所占权重

不同矿产开发阶段中的公众参与	在矿产开发全过程的公众参与中所占权重（0~1之间）
矿床勘探阶段	
矿山建设阶段	
矿山生产运营阶段	
闭坑复垦阶段	

说明：四项得分总和为1。

表5　社区及其公众在矿产开发不同阶段的公众参与中所占权重

矿产开发阶段	社区及其公众在该阶段公众参与中所占权重（0~1之间）
矿床勘探阶段	
矿山建设阶段	
矿山生产运营阶段	
闭坑复垦阶段	

说明：四项得分总和为1。

附录2　中国矿产开发中公众参与实现程度计算示例

根据中国目前的实际情况对各个阶段的公众参与表现进行打分如下：

矿床勘探阶段中公众参与实现程度的得分

评价目标	一级指标	二级指标	三级指标		得分
矿产开发中公众参与程度评价	矿床勘探阶段中的公众参与 0.1125	政府 0.1702	公众参与效力	0.175	60
			知情权	0.300	80
			救济权	0.275	60
			资金保障规定	0.250	0
		矿业公司或勘探公司 0.1702	信息发布	0.2875	80
			专门机构人员配置	0.2625	60
			投诉与反馈机制	0.250	80
			资金与培训支持	0.200	20
		非政府组织 0.3618	信息发布	0.300	40
			关系协调	0.225	20
			教育培训	0.225	40
			监督评估	0.250	20
		公众 0.2978	参与意愿	0.500	60
			参与能力	0.500	20

矿山建设阶段中公众参与实现程度的得分

评价目标	一级指标	二级指标	三级指标		得分
矿产开发中公众参与程度评价	矿山建设阶段中的公众参与 0.4875	政府 0.2985	公众参与效力	0.22500	60
			知情权	0.26875	80
			救济权	0.21250	60
			资金保障规定	0.29375	0
		矿业公司 0.2985	信息发布	0.2500	80
			专门机构人员配置	0.2687	80
			投诉与反馈机制	0.3062	80
			资金与培训支持	0.1750	40
		非政府组织 0.2537	信息发布	0.2500	40
			关系协调	0.2375	20
			教育培训	0.2625	40
			监督评估	0.2500	20
		公众 0.1493	参与意愿	0.5000	80
			参与能力	0.5000	40

矿山生产运营阶段中公众参与实现程度的得分

评价目标	一级指标	二级指标	三级指标		得分
矿产开发中公众参与程度评价	矿山生产运营阶段中的公众参与 0.225	政府 0.2537	公众参与效力	0.250	60
			知情权	0.225	80
			救济权	0.250	80
			资金保障规定	0.275	0
		矿业公司 0.2985	信息发布	0.175	80
			专门机构人员配置	0.2875	80
			投诉与反馈机制	0.2000	80
			资金与培训支持	0.3375	40
		非政府组织 0.1792	信息发布	0.225	40
			关系协调	0.275	20
			教育培训	0.175	40
			监督评估	0.325	20
		公众 0.2686	参与意愿	0.500	80
			参与能力	0.500	40

闭坑复垦阶段中公众参与实现程度的得分

评价目标	一级指标	二级指标	三级指标		得分
矿产开发中公众参与程度评价	矿山闭坑复垦阶段中的公众参与 0.175	政府 0.1875	公众参与效力	0.150	80
			知情权	0.300	80
			救济权	0.325	80
			资金保障规定	0.225	0
		矿业公司 0.25	信息发布	0.2625	80
			专门机构人员配置	0.1750	80
			投诉与反馈机制	0.2750	80
			资金与培训支持	0.2875	40
		非政府组织 0.2125	信息发布	0.275	40
			关系协调	0.225	20
			教育培训	0.125	40
			监督评估	0.375	20
		公众 0.35	参与意愿	0.500	80
			参与能力	0.500	40

按照公式$W=\sum_{i=1}^{n}A_iW_i$ 计算矿床勘探阶段政府的表现：[(60×0.175)+(80×0.300)+(60×0.275)+(0×0.250)] ×0.1702 = 8.1696。依同样的算法，分别计算出不同指标的得分，最终的计算结果为：法律规定得分为210.75，信息披露得分为120，公众参与能力得分为70，政府发挥功能得分为47.4941，矿业公司发挥功能得分为69.4434，非政府组织发挥功能得分为29.6769，中国公众参与程度总得分为52.3749。